Hermann-Josef Frisch

Heiliger Krieg oder Friede auf Erden

Hermann-Josef Frisch

Heiliger Krieg oder Friede auf Erden

Von der Gewalt in den Religionen

Dieses Buch ist eine überarbeitete Neuausgabe des 2017
in Kevelaer erschienenen gleichnamigen Bandes.

Biblische Zitate sind der Einheitsübersetzung entnommen.

Bibliografische Information der Deutschen Nationalbibliothek:
Die Deutsche Nationalbibliothek verzeichnet diese Publikation
in der Deutschen Nationalbibliografie; detaillierte bibliografische
Daten sind im Internet über dnb.dnb.de abrufbar.

© 2022 Hermann-Josef Frisch
Foto Rückseite: Kain erschlägt Abel,
        Kapitell im Kreuzgang des Klosters San Juan de la Pena,
        Aragonien, Spanien
        aus Wikipedia Commons, Urheber: Tramullas
Satz und Layout: Hermann-Josef Frisch, Overath
Herstellung und Verlag: BoD – Books on Demand, Norderstedt
www.bod.de

Printed in Germany

Druck: ISBN 9783755709459
E-Book

Inhalt

Die Religionen gehören abgeschafft ...

Die Religionen gehören abgeschafft ... weil sie nur Unheil bringen« – so der englische Musiker Elton John. Er klagte über religiös begründeten Terror, über Gewalt im Namen Gottes an vielen Stellen der Erde.

»Die Religionen gehören abgeschafft, weil sie die Gewalt zwischen Menschen fördern und deshalb wesentlich zum Unfrieden der Welt beitragen« – so denken viele Menschen. Sie tun dies keineswegs immer nur aus Hass gegenüber Gott und den Institutionen, die Menschen im Namen Gottes zusammenführen wie die christlichen Kirchen. Nein, manche sagen dies, weil sie zutiefst besorgt sind über das, was mitten unter uns passiert, was eine Bedrohung von Menschen darstellt, was Leid über die Völker und über viele Einzelne bringt. Sie sind besorgt über Gewalt, die aus dem Schoß der Religionen geboren wird, und zwar in besonderer Weise aus dem Schoß der drei Religionen, deren Ursprung im Vorderen Orient liegt: Christentum und Islam und in anderer Form auch Judentum.

Der 11. September 2001 war ein Fanal, der zweite Irakkrieg war und ist eine blutige Fortsetzung, der religiös geprägte Terror nicht nur im Vorderen Orient und in Nordafrika, sondern zunehmend auch in Europa – in unserer unmittelbaren Nachbarschaft – lässt inzwischen Menschen in allen Völkern zittern.

Was ist los mit den Religionen? Schreiben sie Frieden auf ihre Fahnen, aber bewirken sie Hass und Gewalt? Predigen sie Versöhnung, aber bewirken sie Trennung und Ausgliederung? Heiliger Krieg oder Friede auf Erden – was gilt?

Der Ägyptologe Jan Assmann fragt nach den Gründen für solche Gewalt und findet eine Spur im Ein-Gott-Glauben, der zur Unterscheidung von Wahrheit und Unwahrheit führt, damit aber auch zur Ausgrenzung und Verfolgung Andersdenkender. Für ihn ist der Monotheismus, der Glaube an nur einen Gott, eine wesentliche Ursache dafür, dass Menschen zur Gewalt greifen: weil sie die Wahrheit ihres einen Gottes für die einzige und einzig richtige Wahrheit halten und weil sie alle Abweichungen von dieser Wahrheit bekämpfen, ja, ausmerzen wollen.

Für Assmann ergibt sich eine Linie von Mose, dem gewalttätigen Propheten am Beginn der Volkswerdung Israels, bis zu Mohammed, dem gewalttätigen Propheten am Beginn des Islam. Und Christen handeln ebenso wie Juden und Muslime gewalttätig, weil auch sie von der alleinigen Richtigkeit ihrer Religion und ihrer »einzig wahren Kirche« überzeugt sind. Ihre Gewalt können sie zwar in keiner Weise auf ihren Religionsstifter Jesus zurückführen – dies ist anders als bei Mose und Mohammed –, doch zeigt sich in der Christentumsgeschichte ebenso wie in der des Judentums und des Islam eine permanente Gewalt in vielerlei Formen – wir kommen darauf zurück. Führt also, so muss man von Assmann her fragen, der Ein-Gott-Glaube notwendigerweise zu Intoleranz und Gewalt zwischen den Menschen?

Manche forschen genauer nach den Gründen, warum religiös begründete Gewalt die Menschen bewegt. Sie erkennen, dass es immer ein Gemisch von Gründen ist, die zu solcher Gewalt hinführen. Dies sind vorrangig meist keine religiösen Gründe, sondern oft genug wirtschaftliche: Marginalisierung, Erfahrungen von Ausbeutung, Kolonialisierung, wirtschaftlicher Perspektivlosigkeit, hoher Arbeitslosigkeit, Ausgegrenztsein von den – fragwürdigen – Verheißungen westlichen Wohlstands und überreichen Konsums.

Politische Gründe für Gewalt folgen meist in zweiter Linie; denn es geht um Macht und Einfluss, um willkürlich durch andere Mächte festgelegte Grenzen ohne Rücksicht auf die dort lebenden Völker, wie es vor allem in Afrika und in Asien am Ende der Kolonialzeit der Fall war. Heute geht es um Einflusszonen. War man nach dem Ende des kalten Krieges zwischen dem Westen und dem Ostblock davon überzeugt, dass nun ein Ende von Konflikten und damit auch der spannungsreichen Geschichte der Völker erreicht sei – so der amerikanische Politikwissenschaftler Francis Fukuyama in seinem Buch »Das Ende der Geschichte« (1992) –, so zeigt sich nun, dass neue Spannungen und Konflikte entstanden sind, die unermesslich hohe Opferzahlen herbeiführen (wie in Syrien) oder unlösbar erscheinen (wie im Konflikt zwischen Israel und den Palästinensern). Der große Weltkrieg zwischen den Supermächten blieb bislang aus, aber die vielen kleinen, oft unsymmetrischen Kriege nehmen in beunruhigendem Maß zu. Und in 2022 entstand durch den brutalen Angriffskrieg des »orthodox-christlichen« Russlands auf die ebenso »orthodox-christliche« Ukraine eine kaum vorstellbare Katastrophe mitten in Europa. Im Fernen Osten ist es China, das zunehmend Sorge macht, von Nordkorea ganz zu schweigen.

Aber es geht angesichts der zunehmenden Gewalt in unserer Welt auch – und augenscheinlich ebenfalls zunehmend – um Gewalt, die aus religiösen Gründen entsteht. Führt der Glaube an den einen Gott dazu, dass Trennungen, Absonderungen, Ausgrenzungen entstehen und in der Folge davon auch Hass, Gewalt, Krieg und Mord bis hin zum Völkermord? Die schwedische Dichterin Selma Lagerlöf hat nicht nur ein solch wunderbares Kinderbuch geschrieben wie »Die Reise des kleinen Nils Holgersson mit den Wildgänsen«, sondern sich zeitlebens mit Gut und Böse, mit dem Wesen des Menschen und damit auch mit Fragen der Religion beschäftigt. Sie sagt nach einer Reise nach Jerusalem am Anfang des 20. Jahrhunderts: »Jeder hasst hier die Menschen zum Ruhme seines Gottes!« Ist das wirklich so? Gibt es Krieg zwischen den Menschen unterschiedlicher Religion, Krieg in den Köpfen und Herzen und immer auch wieder in der Realität? Der amerikanische Politikwissenschaftler Samuel Huntington hat bereits 1996 ein viel diskutiertes Buch geschrieben: »Clash of cultures«, zu deutsch überspitzt nicht »Zusammenprall«, sondern »Kampf der Kulturen« betitelt. Ist dieser Kampf, so können wir heute fragen, religiös bedingt? Und ist er unvermeidlich?

Um solche Fragen wird es in diesem Diskussionsbeitrag gehen, zwangsläufig in einer nicht umfangreichen Schrift vereinfacht und auf wesentliche Gedanken zugespitzt und deshalb angreifbar, weil nicht alle Aspekte differenziert genannt werden können. Aber vielleicht gerade deshalb regen die Gedanken dieses Buches zur Diskussion an. Im Vordergrund stehen zuerst die drei im Vorderen Orient entstandenen Religionen Judentum, Christentum und Islam, dann die weiter östlichen Religionen Hinduismus, Buddhismus. Alle zeigen ein äußerst kompliziertes Bild, denn alle haben ein doppeltes Gesicht:

- Religionen bergen Gewaltpotential in sich – die Geschichte der Menschheit ist voller Beispiele dafür.
- Religionen bergen Friedenspotential in sich – auch dazu gibt es in der Geschichte der Menschheit ausreichend Beispiele.

Dieser Band ist in die drei bewährten Schritte gegliedert, die aus der Arbeit der CAJ, der Christlichen Arbeiterjugend, stammen:

- *Sehen*
  Ein erster Schritt blickt auf die Realität, auf das, was ist:
  Von der Realität der Gewalt ...
  und der Liebe in den Religionen
- *Urteilen*
  Ein zweiter Schritt ist ein beurteilender Blick
  auf die Gründe von religiös begründeter Gewalt:
  Von den Ursachen der Gewalt ...
  im Kontrast zur Botschaft der Religionen
- *Handeln*
  Und schließlich als Abschluss ein Blick auf das,
  was wir tun können, was erforderlich ist:
  Von der Überwindung der Gewalt ...
  durch den Dialog der Religionen

Sehen

Von der Realität der Gewalt ...

und der Liebe

in den Religionen

Papst Benedikt XVI. ging am 12. September 2006 in seiner Vorlesung in Regensburg zum Verhältnis von Glaube und Vernunft in kritischer Weise auf den Islam ein. Seine Äußerung wurde von Vertretern des Islam als »Hasspredigt« qualifiziert; Ayatollah Chamenei, geistliches (und politisches) Oberhaupt Irans, brachte den Papst in Verbindung mit einem »Komplott eines Kreuzzuges gegen den Islam«; aufgebrachte Muslime protestierten überall in der arabischen Welt gegen den Papst.

Was hatte der Papst gesagt, dass es solch aufgebrachte Reaktionen bewirkte? Er hatte in seiner Rede den byzantinischen Kaiser Manuel II. Palaiologos (1350–1425) zitiert, der sich in einem Gespräch mit einem persischen (muslimischen) Gelehrten wie folgt äußerte: »Zeig mir doch, was Mohammed Neues gebracht hat, und da wirst du nur Schlechtes und Inhumanes finden wie dies, dass er vorgeschrieben hat, den Glauben, den er predigte, durch das Schwert zu verbreiten.« Kaiser Manuel – so zitierte Benedikt XVI. weiter, aber dies wurde in der Diskussion meist nicht beachtet – führte weiter aus, dass »Glaubensverbreitung durch Gewalt widersinnig ist. Sie steht im Widerspruch zum Wesen Gottes und zum Wesen der Seele. ›Gott hat kein Gefallen am Blut‹, sagt er, ›und nicht vernunftgemäß zu handeln, ist dem Wesen Gottes zuwider‹. Der Glaube ist Frucht der Seele, nicht des Körpers. Wer also jemanden zum Glauben führen will, braucht die Fähigkeit zur guten Rede und ein rechtes Denken, nicht aber Gewalt und Drohung. Um eine vernünftige Seele zu überzeugen, braucht man nicht seinen Arm, nicht Schlagwerkzeuge noch sonst eines der Mittel, durch die man jemanden mit dem Tod bedrohen kann.«

Die Rede des Papstes und die wütenden Reaktionen darauf führten im folgenden Jahr am 13. Oktober 2007 zu einem Offenen Brief von 138 muslimischen Gelehrten aus allen muslimischen Ländern an Papst Benedikt und zudem an 27 weitere Oberhäupter christlicher Konfessionen, besonders der orthodoxen Kirche, aber auch reformierter Kirchen, mit dem Titel »Ein Gemeinsames Wort zwischen Uns und Euch«, in dem sie in beeindruckender Weise auf die Beziehungen zwischen Christentum und Islam eingehen und aus der gemeinsamen Gottesliebe auch den Anspruch zur Nächstenliebe ableiten und dies aus dem Heiligen Schriften des Korans und der Bibel belegen.

Die Gelehrten verweisen am Ende ihres Schreibens darauf, dass der Dialog zwischen den beiden größten Weltreligionen, zwischen Christentum und Islam, für das Überleben der ganzen Welt von höchster Bedeutung ist. Deshalb fordern sie ein gemeinsames Wort dieser beiden Religionen, das aus einem ehrlichen Dialog geboren ist: »So lasst unsere Verschiedenheiten nicht Hass und Unfrieden zwischen uns verursachen. Lasst uns nur in Rechtschaffenheit und guten Werken wettstreiten. Lasst uns einander respektieren, fair, gerecht und freundlich miteinander umgehen und miteinander in ehrlichem Frieden, Harmonie und gegenseitigem Wohlwollen leben.«

In dieser Auseinandersetzung und den Stellungnahmen sind bereits die Handlungsalternativen aufgezeigt, die Religionen haben (gleich, ob man das Wort von Kaiser Manuel zur Inhumanität Mohammeds akzeptiert oder nicht, ich tue es nicht): Es geht – zugespitzt – um die Alternative:

- *Heiliger Krieg:* Ausbreitung der eigenen Religion durch Gewalt und das Schwert, gewaltsames Durchsetzen der eigenen Auffassung und des eigenen Glaubens und zugleich brutale Unterdrückung anderer Meinungen und Glaubenssichten;
- *Friede auf Erden:* Dialog zwischen den Religionen und friedliches und harmonisches Zusammenleben zum Wohl aller Menschen, Gerechtigkeit und Fortschritt für alle und gegenseitiges Wohlwollen und gute Werke des Friedens.

Christentum

Betrachten wir die Realität in unserer Welt – und dies ist zuerst eine Realität alltäglich erlebter Gewalt in vielen Formen. Anders als Papst Benedikt XVI. beginnen wir dabei mit einem Blick auf das Christentum und damit auf die Religion der meisten Menschen in Europa (sofern sie sich überhaupt als religiös betrachten). Denn nur wenn man sich selber kritisch sieht, wenn man Fehlverhalten in der eigenen Religion kritisch in Korrelation setzt zu den Richtlinien der eigenen Religion und zu den Ansprüchen des Religionsstifters, gewinnt man im Dialog mit den anderen auch das Recht, Kritisches zum Verhalten anderer zu sagen.

Also: Was ist mit Christen und Gewalt? Wo doch die Botschaft Jesu so eindeutig ist – eine Botschaft der Gewaltlosigkeit und Liebe, die sogar zweitausend Jahre später den gewaltlosen Mahatma Gandhi zutiefst beeindruckt hat, sodass etwa die Bergpredigt zu einer seiner Lieblingslektüren zählte und er sich durch die Haltung Jesu zu Gewalt und Gewaltlosigkeit in seinem eigenen Handeln bestätigt sah.

»Unter diesem Zeichen wirst du siegen«, so erzählt die Legende von Kaiser Konstantin dem Großen (270–337 n. Chr.) und seinem Sieg im Jahr 312 an der Milvischen Brücke nördlich von Rom über seinen Konkurrenten und Mitkaiser Maxentius. Dies war ein Sieg unter dem Zeichen des christlichen Kreuzes, der die Welt veränderte und dem zu dieser Zeit noch heidnischen Konstantin zur Alleinherrschaft verhalf. Dies war auch ein Sieg unter dem Zeichen des christlichen Kreuzes, der die Stellung der christlichen Kirche im Römischen Reich entscheidend verbesserte und schließlich unter den Nachfolgern Konstantins zu einem christlich geprägten Reich führte. Die Zeit der Verfolgung und Unterdrückung der Christen im Römischen Reich ging zu Ende.

»Unter diesem Zeichen wirst du siegen«, das war aber nicht mehr der Weg christlicher Apostel und Missionare, die mit Wort und Vorbild, oft mit ihrem Leben den Glauben weitergaben, sondern jetzt ging es zunehmend um Macht und Herrschaft, um das Durchsetzen der »wahren« Religion gegen alle unchristlichen Heiden und Götzenanbeter, um die rechte Lehre: Schon im Jahr 325 berief Kaiser Konstantin, nicht der römische Bischof oder die Patriarchen und Bischöfe der östlichen Reichsgebiete, das erste Ökumenische Konzil nach Nizäa ein. Konstantin wollte eine einheitliche Kirche und Religion in einem einheitlichen Reich unter einem Kaiser – so wie es knapp fünfhundert Jahre später Karl der Große in ähnlicher Weise versuchte. Um der Einheit von Kaiser, Reich, Glaube und Kirche willen wollte Konstantin abgrenzen und Andersdenkende ausgrenzen – ein Denken, das in der Römischen Kurie und in fundamentalistischen christlichen Gruppierungen bis heute zu finden ist. Von Konstantin her werden nun christlicher Glaube und staatliche Macht verknüpft und zu einer machmal fruchtbaren, oft aber auch unheilvollen Allianz verbunden.

Dies stellt ein völlig neues Paradigma des Christentums dar: Aus der verfolgten, aber engagierten Minderheitenkirche des Anfangs wird nun zunehmend eine Staatskirche. Diese gewinnt im Jahr 330 n. Chr. nach der Verlagerung des kaiserlichen Regierungssitzes in den Ostteil des Reiches, in die Neugründung der alten griechischen Kolonie Byzanz (nunmehr nach dem Kaiser Konstantinopel genannt), im Westteil des Reiches zunehmend gesellschaftlichen und schließlich politischen Einfluss (allmähliche Entwicklung des Kirchenstaates). Dies verstärkt sich durch die Wirren der Völkerwanderung.

Ein neues Paradigma des Christentums, weil es nun auch nach außen hin in anderer Weise erscheint: »Unter diesem Zeichen wirst du siegen«, das bedeutete in der Konsequenz nunmehr auch, den Glauben nicht mit den Evangelien, sondern notfalls auch mit dem Schwert weiterzutragen. Es bedeutete zunehmend, die Zugehörigkeit zur Kirche nicht auf bewusste und freie Unterstützung des einzelnen Individuums, sondern auf den Druck, gar Zwang einer übermächtigen und übergriffigen Institution zu stützen.

Zu den Veränderungen, die sich an diesem Wendepunkt der Geschichte der Christen ergaben, nur wenige Beispiele:

Kaiser Karl der Große und seine Kriege gegen die Sachsen in der Zeit von 772–804 n. Chr. passen zu diesem neuen Paradigma christlichen Glaubens ebenso wie die Reconquista (= Rückeroberung) in Spanien, wo es vor allem vom 12. bis 15. Jahrhundert gegen Juden und Muslime ging.

Als man 1492 – im Jahr der »Entdeckung« Amerikas durch Columbus – endlich die letzte muslimische Festung in Spanien, Granada, unter die Gewalt der »Katholischen Könige« Ferdinand und Isabell gebracht hatte, ging das Bemühen um die Reinheit spanischen Blutes und des christlichen Glaubens in Spanien erst richtig los. Dies soll als Beispiel für viele andere Gewalt im Christentum etwas genauer dargelegt werden:

Nach dem Fall des muslimischen Al-Andalus traf es zuerst die Juden. Unter der muslimischen Herrschaft hatte es eine fruchtbare Symbiose zwischen Muslimen, Juden und Christen im südlichen Spanien gegeben, die zu hohen kulturellen und wissenschaftlichen Leistungen führte. Al-Andalus war eine Brücke zwischen der arabisch-muslimischen Geisteswelt (etwa in Damaskus und Bagdad) und dem christlichen Europa. Die Juden in diesem muslimischen Reich waren wesentlich an dem Brückenschlag der Kulturen beteiligt. Die Zeit der muslimischen Herrschaft wird deshalb oft als »Goldenes Zeitalter« bezeichnet – für Muslime, für Juden und für Christen. Juden wirkten dort Herausragendes in Philosophie und Dichtung, in Medizin, Mathematik und Astronomie. Schriften der großen griechischen Philosophen (etwa Aristoteles) waren in Europa meist als »heidnische Schriftwerke« vernichtet worden, im muslimischen Bereich aber wurden sie in arabischer Sprache aufbewahrt. Juden übersetzten das antike Schrifttum nun im südlichen Spanien in die hebräische Sprache – darauf konnten die christlichen Mönche der mittelalterlichen Scholastik dann zurückgreifen und ihre philosophisch geprägte Theologie der Scholastik entwickeln.

Auch im christlichen Spanien, dessen Einzugsgebiet sich durch die Reconquista vergrößerte, gab es große jüdische Gemeinden – ein friedliches Zusammenleben (»Convivencia«) war durchaus möglich. Doch im 14. Jahrhundert zerbrach der Friede – die Juden wurden im katholischen Spanien diskriminiert. Im Jahr 1391 gab es im bereits wiedereroberten Sevilla ein blutiges Massaker unter den Juden, ein Pogrom, das den Juden für die Zukunft Angst machte. Viele konvertierten deshalb zum Christentum, doch schlug den »Conversos« erhebliches Misstrauen entgegen. Es begann eine Politik der »Blutreinheit« und »Glaubensreinheit«.

So wurde im königlichen Ordenamiento von Valladolid 1412 angeordnet, dass jüdische Männer und Frauen in einem ummauerten und nur mit einem Zugang versehenen Stadtteil wohnen durften – ein Ghetto. (Der Name Ghetto stammt allerdings aus dem

Jahr 1595, wo im italienischen Venedig ein abgetrenntes jüdisches Viertel mit diesem Wort bezeichnet wurde.) Neben der räumlichen Trennung von Christen und Juden (später auch Muslimen) wurden den Juden die meisten Berufe und öffentliche Ämter verboten. Wegen der Angst vor Vergiftungen durften sie zudem keine Grundnahrungsmittel (Brot, Wein, Fleisch) verkaufen, das Mitwirken bei Festen war ebenso untersagt wie interreligiöse Hochzeiten. Juden durften auch keine Christen als Knechte und Mägde beschäftigen – Christen verstanden sich als Herren, nicht als Untergebene, zumal nicht der Juden, der »Gottesmörder«.

Auch mussten jüdische Männer und Frauen nun in Spanien einen »Judenfleck« an der Kleidung tragen – doch die Kennzeichnung von Andersgläubigen war nichts Neues: Bereits seit dem 11. Jahrhundert waren in manchen Teilen Europas gelbe Kennzeichen für Juden vorgeschrieben; mancherorts waren statt dessen gelbe oder rote spitze Judenhüte vorgesehen – auf Kunstdarstellungen dieser Zeit (etwa auf Bildern zum Lebensweg Jesu) findet man Gestalten mit Judenhüten häufig als Kontrast der ungläubigen Juden zu den gläubigen Jüngern. Der Judenfleck allerdings wurde ab 1492 in Portugal zum sechseckigen Stern, in Deutschland war es von 1530 bis 1790 in manchen Gebieten ein gelber Judenring als Kennzeichen der Fremden und »Andersgläubigen«.

Das alles kehrte im 20. Jahrhundert unter dem Nationalsozialismus in schrecklichster Weise wieder. Die Nazis haben also diese Form der Ausgrenzung keineswegs erfunden, sondern konnten sich auf »christliche Traditionen« berufen – haben diese dann aber perfekt organisiert.

Nach 1492 aber ging die Verfolgung in Al-Andalus erst richtig los. Gegen alle Abmachungen bei der Kapitulation mit dem letzten muslimischen König von Granada, Boabdil, wurden Juden enteignet. Drei Monate nach der Eroberung Granadas wurden die Juden vor die Entscheidung gestellt, sich taufen zu lassen oder das Land binnen vier Monaten ohne Mitnahme ihres Besitzes zu verlassen. Man schätzt, dass sich damals über 100 000 Juden auf den gefährlichen Fluchtweg über das Mittelmeer machten – eine Flüchtlingswelle, die der in unserer Zeit ähnelt, nur in umgekehrter Richtung und in diesem Fall durch eine »christliche« Regierung verursacht. Viele Juden starben auf der Flucht oder wurden ausgeraubt beziehungsweise von Schiffskapitänen als Sklaven nach Nordafrika verkauft – also von Schleppern ausgeplündert, wie es auch in unserer Zeit üblich ist.

Im Jahr 1502 traf das gleiche Los auch die verbliebenen Muslime in Spanien. Auch sie wurden zwangsgetauft oder ausgewiesen. Die Zwangstaufen vollzogen sich so, dass man große Zahlen von Mauren in Kirchen zusammentrieb, sie mit geweihtem Wasser besprengte und ihnen christliche Vornamen gab.

Doch gegenüber den so Zwangsgetauften, den Moriscos, blieb ein Misstrauen bestehen. Da sie nun christlich waren, konnte die kirchliche Inquisition auf sie zugreifen (die allein für Christen zuständig war, nicht für Juden und Muslime). Man unterstellte den Moriscos weiter eine verborgene Bindung an den Islam. Eine vor allem durch die Dominikaner aufgeputschte öffentliche Meinung, dazu einzelne christliche Fanatiker, die etwa alle maurischen Männer kastrieren wollten, führte zu einer Atmosphäre des Hasses auf die »Fremden«, die »Ausländer«, die »Ungläubigen«, die nicht richtig »Glaubenden«. Die Moriscos, christlich gewordene Mauren, wurden zwangsverschleppt und über ganz Spanien verteilt. Tausende wurden durch die Inquisition gefoltert und hingerichtet.

Diese Verfahren werden mit der kirchlichen Einrichtung der Inquisition in Verbindung gebracht. Bereits im 12. und 13. Jahrhundert gab es zuerst bischöfliches, dann auch päpstliches Vorgehen gegen Ketzer und Ungläubige (etwa gegen die Waldenser und Katharer). Offiziell als Bestandteil der Römischen Kurie wurde die Inquisition zwar erst 1542 gegründet, doch gab es vorher bereits in verschiedenen Ländern eigene Behörden zur Ketzerverfolgung, in Spanien ab 1478. Im Jahr 1908 wurde die römische Kurienbehörde »Sacra Congregatio Romanae et universalis Inquisitionis« in »Sanctum Officium« umbenannt; im Rahmen einer Kurienreform nach dem Zweiten Vatikanischen Konzil dann 1965 in »Kongregation für die Glaubenslehre« (ab 2022: »Dikasterium für die Glaubenslehre« – von griechisch dikastērion »Gericht«). Heute gehören Exekutivstrafen wie Folter und Todesstrafe nicht mehr zum Instrumentarium dieser Behörde, weil die Kirche keine staatliche Macht mehr hat. Wohl aber gibt es – ebenso der christlichen Botschaft widersprechend – die Verfolgung unliebsamer Theologen mit der Auflage von Bußschweigen (keine Veröffentlichungen und Predigten mehr erlaubt), Entzug der Lehrbefugnis und anderem mehr. Es ist nicht abzuschätzen, wie viele Existenzen auf diese Weise in der Weltkirche zerstört wurden – Gewalt in der Kirche und dies im Namen Jesu von der obersten Kirchenleitung ausgehend.

Der Ursprung solcher Verfolgung Andersdenkender liegt im Christentum schon viel früher. Unmittelbar nach der Christenverfolgung im Römischen Reich geschah die Wende, dass nunmehr nach der Regentschaft Konstantins die nun herrschenden Christen umgekehrt die Anhänger der alten Religionen verfolgten. Dies wurde theologisch unterlegt:

Der nordafrikanische Bischof Augustinus von Hippo forderte im frühen 5. Jahrhundert während einer Auseinandersetzung mit Häretikern (Donatisten) strenge Strafen bis hin zur Todesstrafe (diese allerdings durch die weltliche Macht vollstreckt – der Staat als Arm der Kirche): »Wir möchten sie verbessert haben, nicht getötet; wir wünschen uns den Triumph der Kirchenzucht, nicht den Tod, den sie verdienen.«

Allerdings gab es kirchliche Gewalt keineswegs nur in den Mittelmeerländern. Ein erschreckendes Beispiel aus der mitteleuropäischen Geschichte ist das Schicksal von Jan (Johannes) Hus (1369–1415). Er war in Prag Theologe, Prediger und ab 1410 auch Reformator, für den die Bibel die einzige Autorität in Glaubensfragen war, und insofern eine Art Vorläufer von Martin Luther mit vergleichbaren Ansichten. Nach einem kirchlichen Prozess wurde er 1412 mit Exkommunikation kirchlicherseits (und damit automatisch mit dem staatlichen Bann) belegt. Jan Hus floh von Prag aus ins südböhmische Exil und schrieb dort sein Werk »De Ecclesia«, in dem er eine Kirche ohne Hierarchie (allein Christus ist das Haupt) und eine christliche Gemeinschaft des Dienstes forderte – ein Gedanke, der von Martin Luther, aber 550 Jahre später teilweise vom Zweiten Vatikanischen Konzil aufgegriffen wurde.

Vor dem ab 1414 in Konstanz tagenden Konzil sollte er seine Lehre rechtfertigen; dazu hatte man ihm durch einen Geleitbrief des Königs Sigismund freies Geleit zugesagt. Unter Bruch dieser Zusage wurde er in Konstanz eingekerkert und von der Konzilsversammlung am 6. Juli 1415 als Häretiker zum Feuertod verurteilt und noch am gleichen Tag hingerichtet und zusammen mit seinen Schriften verbrannt. Martin Luther beruft sich ein Jahrhundert später oft auf Jan Hus und auch auf den englischen Reformator John Wyclif (1330–1384), der 1377 ebenfalls vom Papst gebannt wurde, aber dem Feuertod entging. Doch das Konzil von Konstanz verurteilte ihn nach seinem Tod als Ketzer; Wyclifs Gebeine wurden im Anschluss an dieses Konzil ausgegraben und zusammen mit seinen Schriften verbrannt.

»Unter diesem Zeichen wirst du siegen« – die Reconquista in Spanien oder die Verfolgung Andersdenkender wie Jan Hus und John Wyclif sind markante Beispiele für Gewalt in der Kirche und ein unerträgliches Versagen der Kirche gegenüber dem Anspruch Jesu. Aber leider stellen diese Beispiele keineswegs die einzigen zu Gewalt in der 2000-jährigen Kirchengeschichte dar, viele weitere lassen sich anführen und zeigen ein Verhalten von Christen und Kirche auf, das schaudern lässt.

Christliche Gewalt – das war auch die gewaltsame Missionierung in ganz Lateinamerika durch Spanier und Portugiesen, aber ebenso – schon in der Neuzeit – in einem Gemisch von wirtschaftlichen und kolonialen Interessen Zwangsmissionierungen in Indien und China. Oder wenn dort nicht Missionierung mit Gewalt und Schwert, dann doch Missionierung mit Bestechung: Die sogenannten »Reischristen« in China stehen dafür: In den Hungersnöten des 19. Jahrhunderts in China wurde den Neugetauften nicht nur von evangelikalen Sekten, sondern auch von den Großkirchen ein Sack Reis zur Taufe versprochen. Es ging dabei weniger um Gesinnungsänderung durch eine Konversion, sondern um große Zahlen von Neugetauften, um in Europa und Amerika Spenden einzutreiben. Solchen Missionierungen war allerdings kein großer Erfolg beschieden. Manche Chinesen ließen sich auch – getrieben von Not, aber durchaus gutem Geschäftssinn – mehrfach taufen: in diesem Monat in dieser evangelikalen Gruppe ein Sack Reis, im nächsten Monat in einer anderen Kirche ein Sack Reis ...

»Unter diesem Zeichen wirst du siegen« – in dieser Linie stehen Inquisition und Verfolgung Andersdenkender, Scheiterhaufen, Ketzerverbrennungen und Denkverbote, Kampf gegen Ketzer oder auch nur gegen Theologen mit neuen, ungewohnten Gedanken durch Lehrverbote, Bußschweigen und Exkommunikationen. Barmherzigkeit, wie sie Papst Franziskus immer wieder fordert, hatte in diesem Denken und Handeln keinen Platz.

»Unter diesem Zeichen wirst du siegen« – das kehrt ebenso wieder in den Kreuzzügen, in denen es angeblich allein darum ging, die heiligen Stätten im heiligen Land von den unheiligen Muslimen, den Ungläubigen, zu befreien. Diese westeuropäischen Heere aber, wenn man schon einmal mit dem Schwert unterwegs war, verübten bereits auf dem Weg in Pogromen (russisch für »Zerstörung«) Massaker an den jüdischen Gemeinden (etwa in Mainz, Worms und Speyer anlässlich des »Deutschen Kreuzzugs« von 1096 und des zweiten Kreuzzugs von 1146).

Ebenso auf dem Weg wurde schließlich auch das orthodox-christliche und damit zwar nicht ungläubige, doch »orthodox-ketzerische« Konstantinopel erobert (1204 durch ein von Venedig ausgesandtes Kreuzfahrerheer) und ausgeplündert, die christlichen Brüder dort wurden massakriert. Und schließlich – gewissermaßen als Höhepunkt – folgten die Eroberung Jerusalems im Juli 1099 und der Kampf gegen die Muslime dort (zudem auch gegen die in Jerusalem wohnenden Juden) unter der Losung: »Tötet sie alle, Gott wird sie schon sortieren« – wahrlich eine »christliche« Losung.

Sieben solcher Kreuzzüge hat es offiziell gegeben, hinzu kommen mehr als ein Dutzend inoffizielle, nicht nur gegen die Muslime im Vorderen Orient, sondern auch gegen von der katholischen Kirche abgefallene christliche Gruppen etwa gegen die Glaubensgemeinschaft der Albigenser (Katharer) in Südfrankreich in den Jahren 1209–1229. Am perversesten war der Kinderkreuzzug von 1212, der in einem Fiasko endete: Unter anderem von Köln aus zogen Kinder und Jugendliche unter Leitung des Jungen Nikolaus von Köln über die Alpen nach Genua. Dort erwartete man – vergeblich –, dass sich die Wasser des Mittelmeeres nach dem Beispiel des Schilfmeeres beim Auszug Israels aus Ägypten teilten, damit man bis Jerusalem ziehen konnte. Als das Heer der Jugendlichen schließlich teilweise mit Schiffen weiterreiste, wurden diese von den Sarazenen aufgebracht, sodass die christlichen Kindersoldaten in der muslimischen Sklaverei endeten.

»Unter diesem Zeichen wirst du siegen« – Gewalt in der Kirche und im Namen Jesu immer wieder neu. Zur Erinnerung: Religionskriege zwischen den christlichen Konfessionen, natürlich immer auch wirtschaftlich, gesellschaftlich, politisch bedingt, aber eine Katastrophe für Menschen und Völker wie etwa der Dreißigjährige Krieg (1618–1648), der in Mitteleuropa ein Drittel der Bevölkerung vernichtete und eine Wüste hinterließ – in den Ländern und Völkern, vor allem in den Herzen der Menschen. Die konfessionellen Auseinandersetzungen in Nordirland zwischen Katholiken und Protestanten am Ende des 20. Jahrhunderts waren nur noch letzte »Zuckungen« dieser christlichen Gewaltgeschichte.

Schließlich ein Hinweis auf das 20. Jahrhundert: Wenn der amerikanische Präsident George W. Bush, ein christlich »Wiedergeborener«, vom »Kreuzzug gegen den Terror« spricht und entsprechend mit völkerrechtswidrigem Krieg (im Irak im Jahr 2003) handelt, dann trifft die Gewalt islamischer Fundamentalisten (vom 11. September 2001) auf die ebenso Unheil bringende Gewalt christlicher Fundamentalisten. Welche Auswirkungen das auf das Zusammenleben von Christen und Muslimen hatte und bis heute hat, ist leicht abzuschätzen.

Man könnte so noch fortfahren, es ist nicht zu bestreiten: Die Geschichte der Christen ist immer auch eine Kriminalgeschichte, Geschichte der Gewalt »unter dem Zeichen des Kreuzes«, der Gewalt untereinander und gegen andere. Wir müssen das ohne Wenn und Aber eingestehen: Christen haben den Auftrag Jesu nicht erfüllt.

Islam

Wenn wir in unserer Zeit auf den Islam schauen, dann drängen sich uns Bilder von Bomben und Selbstmordattentätern, von Attentaten und bedrohlichen Demonstrationen in den Vordergrund – Bilder der Gewalt. So ergibt sich häufig genug eine Vorstellung, welche die Religion des Islam mit Gewalt, Terror und Krieg gleichsetzt. Und in der Tat stehen die meisten Krisenregionen unserer Welt mit dem Islam in einer gewissen, jedoch jeweils näher zu erläuternden Verbindung: Dies betrifft keineswegs nur den Vorderen Orient und die nordafrikanischen beziehungsweise Sahelzonengebiete (etwa Mali), das als Gesamtstaat zerfallende Somalia oder den Norden Nigerias mit der Terrorgruppe Boko Haram (= »Westliche Bildung ist Sünde«!). Denn ob dies die südphilippinische Insel Mindanao ist, ob es die Südprovinzen Thailands mit ihrer muslimischen Bevölkerung sind, ob es – dieses Mal die Muslime eindeutig als Opfer – die Verfolgung der muslimischen Minderheit der Rohingya im Nordwesten Myanmars durch die buddhistische Mehrheitsbevölkerung ist, ob es das spannungsreiche und durch die Atomwaffen beider Seiten äußerst gefährliche Verhältnis von Indien und Pakistan ist, immer sind Muslime betroffen – als Täter und meist zugleich als Opfer.

Denn auch dies muss gesehen werden: Die meisten Opfer islamistischen Terrors sind Muslime. Hinzu kommt: In Europa sind in den letzten dreißig Jahren – bei allem islamistischen Terror in Madrid, London, Brüssel, Paris und Berlin – mehr Muslime Opfer von Christen geworden als umgekehrt Christen von Muslimen: Es sei an Srebenica erinnert, wo im Juli 1995 mehr als 8000 muslimische Bosniaken durch die (christlich-)serbischen Truppenverbände massakriert wurden und die dort stationierten UNO-Truppen nicht eingriffen.

Das Thema Islam und Gewalt muss also differenzierter beurteilt werden, als es – in der Folge islamistischer Attentate im Vorderen Orient, in Nordafrika und schließlich auch in Europa – in der breiten Öffentlichkeit geschieht. Solche Bilder des Terrors überdecken die ganze Fülle und den geistigen Reichtum des Islam, auch die vielen Formen, wie der Islam sich ausgeprägt hat und heute von vielen Menschen gelebt wird.

Um Missverständnisse zu vermeiden, ist klar und absolut eindeutig zu sagen: Die überwiegende Mehrheit der Muslime lebt friedlich und sieht gerade von ihrer Religion her einen Auftrag zu einem friedlichen Leben. Die tiefe Gastfreundschaft, die man nicht nur in arabischen, sondern auch in anderen muslimischen Ländern erfahren kann, ist dafür ein klarer Hinweis. Auch haben sich muslimische Gelehrte und Verbände explizit und vehement gegen eine Vermischung der Religion Islam mit Terror und Gewalt gewandt; vgl. den bereits zitierten Offenen Brief der 138 muslimischen Gelehrten. Es gibt zudem entsprechende Stellungnahmen der muslimischen Dachverbände in Deutschland und auch in anderen Ländern. In Deutschland sind dies besonders der Islamrat (IRD), der Zentralrat der Muslime (ZMD), der Verband der islamischen Kulturzentren (VIKZ) und der Liberal-Islamische Bund (LIB).

Unter den hundert schönsten Namen Gottes, die im Koran aufgeführt werden, befindet sich der Name »Friede« als Name für den einen und einzigen Gott (Sure 59,22). Vor allem aber stellt der Koran, und damit die Mitte muslimischen Glaubens, das Bekenntnis zu Gott, dem Erbarmer und Barmherzigen, in den Vordergrund seines Gottesbildes (vgl. die Einleitung aller Suren [Ausnahme Sure 9]: »Im Namen Gottes, des barmherzigen, des Erbarmers«).

Weil aber Gott als barmherzig angesehen wird, ergibt sich für den Glaubenden, den sich Gott Ergebenden (= Islam, beziehungsweise Muslim) in gleicher Weise die Forderung, Barmherzigkeit zu leben. Dies wird im Koran unter anderem am Beispiel des biblischen Abel deutlich, wobei die koranische Erzählung von Kain und Abel und vom ersten Brudermord derjenigen der Bibel (Genesis 4,1–16) ähnelt. Doch anders als im biblischen Text, wo Abel stumm bleibt, spricht er im Koran zu seinem Bruder, betont seine Gewaltlosigkeit und zeigt sich gerade so als ein Gottesfürchtiger (eigentlich schon als erster Muslim noch vor Abraham):»Wenn du nach mir deine Hand ausstreckst, um mich zu töten, werde ich nicht nach dir ausstrecken meine Hand, um dich zu töten. Denn ich fürchte Gott, den Herrn der Welten.« (Sure 5,28) Aus der Ergebung in Gott folgert Abel Gewaltlosigkeit bis hin zum Verzicht auf eine sich verteidigende Gewalt. Das erinnert an das Wort Jesu in der Bergpredigt: »Leistet dem, der euch etwas Böses antut, keinen Widerstand. Wenn dich einer auf die rechte Wange schlägt, dann halte ihm auch die andere hin.« (Matthäus 5,39)

Grundbotschaft des Korans sind Erbarmen und Frieden und dennoch, das ist nicht zu bestreiten, gibt es in der Heiligen Schrift der Muslime Verse, die zur Gewalt aufrufen. Aber das ist in der Hebräischen Bibel der Juden und Christen nicht anders: Auch da lautet die Grundbotschaft, dass Gott ein menschenfreundlicher Gott ist, der deshalb den Menschen eine Wegweisung (»Zehnwort vom Sinai, Zehn Gebote«) gibt, die Töten und Gewalt verbietet. Der Grundtenor der Bibel ist also die Liebe zwischen Gott und Mensch und in Konsequenz auch die Liebe unter den Menschen. Dennoch aber finden sich auch in der Hebräischen Bibel, weithin dem christlichen Ersten, Alten Testament, Verse, die von unerträglicher Gewalt künden, etwa in den Büchern Josua und Richter oder in der Davidserzählung oder in Psalm 137,9 zu Babel gesprochen: »Wohl dem, der deine Kinder packt und sie am Felsen zerschmettert!« (Vgl. zum Judentum ab Seite 41.)

Auf diesen Widerspruch zwischen biblischer beziehungsweise koranischer Gesamtaussage und einzelnen Versen in den Heiligen Büchern wird zurückzukommen sein. Hier bleibt zuerst einmal zu konstatieren, dass es auch im Islam eine Geschichte der Gewalt gibt, der fundamentalistischen Verhärtung, der islamistischen Extremisten, des Dschihad (s.u. Seite 31 ff.) nicht nur im Sinne einer religiösen Anstrengung, sondern auch der gewaltsamen Ausbreitung muslimischen Glaubens.

Diese Geschichte muslimischer Gewalt begann – und dies ist anders als im Christentum – bereits beim Religionsstifter selbst. Auch wenn Muslime sich strikt gegen jede Kritik an Mohammed und erst recht am von Gott ja wörtlich geoffenbarten Koran wehren, es muss doch gesagt werden: Mohammed war nicht allein der spirituelle

Sucher, der Beter, der religiöse Mensch, der Prophet, der Gesandte Gottes und der Verkünder einer göttlichen Offenbarung, sondern nach seiner Flucht aus Mekka in die Stadt Medina im Jahr 622 n. Chr. dort auch Politiker, Heerführer, Staatsmann und Machthaber (vgl. dazu ausführlicher mein Buch: »Mohammed. Prophet und Staatsmann«, BoD 2022).

Und so beginnt er schon zwei Jahre, nachdem er in Medina die Macht übernommen hat, mit Gewaltausübung: Von den fünf Stämmen Medinas waren im Jahr 622 drei Stämme jüdischen Glaubens. Diese konnten Mohammeds Anspruch, als Prophet Gottes aufzutreten, nicht akzeptieren – anders als die anderen beiden zuvor polytheistischen und dann zum Islam konvertierten Stämme Medinas. Somit unterstützten sie auch nicht die Verteidigung Medinas gegen die Heere des polytheistischen Mekka, wozu sie eigentlich verpflichtet waren.

Mohammed hatte zu diesem Zeitpunkt hohe Achtung vor Juden (und Christen), weil sie ja auch Träger göttlicher Verheißung waren, der jüdischen Tora und des christlichen Evangeliums; auch war die Gebetsrichtung der ersten Muslime auf Jerusalem ausgerichtet. Dennoch konnte er – weniger aus religiösen Gründen als aus Gründen des Machterhalts und der Herrschaft über die Stadt und Region – einen solchen Ungehorsam wichtiger Gruppen in seiner Stadt nicht zulassen – er griff zu den damals üblichen politischen und militärischen Mitteln: Zwei der jüdischen Stämme von Medina wurden gewaltsam vertrieben, der ebenfalls jüdische Stamm der Qurayza vernichtet, alle (angeblich 5000) Männer getötet, Frauen und Kinder versklavt.

Was hier in der Praxis geschah, scheint im heiligen Buch durchaus gefordert zu sein (wenn auch dort bezogen auf eine ganz bestimmte geschichtliche Situation). Es heißt im Koran, Sure 2,191: »Und tötet sie, wo immer ihr sie zu fassen bekommt.« Ein unheilvoller Satz, auf den sich Al Qaida, IS und andere Terroristen bis heute berufen. Und ein Satz, der im Koran nicht isoliert steht, sondern durch viele weitere Verse dieses Heiligen Buches verstärkt wird.

Und die Geschichte der Gewalt geht weiter: Muslimische Heere breiten »mit dem Schwert Allahs« den Glauben im Vorderen Orient und in Nordafrika aus, ja dringen bis auf den Balkan und nach Spanien vor. Das Europa des frühen Mittelalters wird bedroht – dies weniger durch eine neue Religion mit einer überzeugenden Botschaft, sondern durch das Schwert dieser Religion, durch Gewalt und übermächtig erscheinende Heere. Der Gegenschlag der »christlichen« Nationen ließ nicht auf sich warten und geht von den Kreuzzügen über die Kolonialisierung hinweg bis in unsere Zeit zum völkerrechtswidrigen Krieg des amerikanischen Präsidenten Bush.

Anders als im Christentum, wo die Forderung Jesu in der Bergpredigt nach Gewaltlosigkeit eindeutig erscheint und nur wenige prophetische Zeichenhandlungen Jesu (Tempelreinigung, Verfluchung des Tempels in Jerusalem) eine gewisse Affinität zur Gewalt haben, steht der Islam in einer ganz anderen Nähe zur Gewalt, das ist nicht zu bestreiten. Doch auch dabei muss differenziert werden.

Der Islam hat in seinen Anfängen und in fundamentalistischen Richtungen wie etwa dem Wahhabismus Saudi-Arabiens bis heute streng unterschieden zwischen dem dar-al-islam, dem »Haus des Islam«, und dem dar-al-alharb, dem »Haus des Krieges«. Das »Haus des Islam«, also islamisch regierte Länder, werden als Reiche des Friedens verstanden, das »Haus des Krieges« dagegen, also Länder mit Menschen anderer Religionen (mit »Ungläubigen«), als Reiche, gegen die der gläubige Muslim mit Dschihad vorgehen muss. Erst in neuerer Zeit, wo Muslime in manchen Ländern wie etwa heute in Europa als Minderheit in einer religiös anders (oder gar nicht) orientierten Mehrheitsgesellschaft leben, kommt zum »Haus des Islam« und »Haus des Krieges« ein drittes Haus hinzu, das dar-al-ahd, das »Haus des Vertrages«. Damit sind Situationen gemeint, wo die muslimische Minderheit sich an die Gesetze des Landes anpassen muss, eine Art Gesellschaftsvertrag schließen muss, um ungehindert ihre Religion leben zu können.

Was aber meint nun der Begriff *Dschihad*? Was ist mit der Aufforderung des Korans zu gewalttätigem Handeln gegenüber den »Ungläubigen«? Kaum ein anderer Begriff aus dem Umfeld des Islam erregt die Öffentlichkeit so sehr wie dieses Wort, verbunden mit Islamismus und terroristischer Gewalt. Fordert dieses Wort aus dem Koran die Muslime auf, für ihre Religion zu kämpfen, in jeder Lage und mit überbordender und sich gegen unschuldige Zivilisten richtender Gewalt?

Es muss klar gesagt werden, dass nicht allein der Islam, sondern alle Religionen ein Gewaltpotential in sich bergen, zum Christentum ist dies bereits aufgezeigt worden, Aussagen zu anderen Religionen werden folgen. Alle Religionen haben – in größerem oder geringerem Maß – auch eine Gewaltgeschichte, die oft konträr zum Anspruch ihrer Stifterpersönlichkeiten – wie Jesus oder Buddha – steht. Aber was ist – innerhalb dieser differenzierten Sicht – der Dschihad?

Den Begriff »Heiliger Krieg« gibt es im Arabischen und im Koran nicht (wohl aber in der Hebräischen Bibel beim Propheten Joël 4,9 im Blick auf das Endgericht Gottes: »Ruft den Heiligen Krieg aus!«). Dschihad dagegen bedeutet im koranischen Kontext, wo sich der Begriff häufig findet, »Anstrengung auf dem Weg Gottes, Streben nach der Sache Gottes«: »Ihr sollt an Gott glauben und an seinen Gesandten und euch auf dem Weg Gottes mit eurem Vermögen und eurer Seele abmühen.« (Sure 62,11) Der Begriff Dschihad wird dabei unterschiedlich ausgelegt:

- Für die einen ist eine geistige Anstrengung gemeint, dazu der Einsatz des eigenen Vermögens, um den Islam zu verbreiten. Ein Kampf gegen andere Menschen ist ausschließlich im Fall einer Selbstverteidigung erlaubt. Vor allem geht es in dieser Deutung um den inneren Kampf gegen das eigene Ego, um voll und ganz der Rechtleitung Gottes zu entsprechen und sich ihm zu unterwerfen.

- Andere deuten den Dschihad als Aufforderung zum unbedingten, ja totalen Krieg gegen die Ungläubigen, zu denen vorrangig die Polytheisten (damals in Mohammeds Heimatstadt Mekka, heute überall auf der Welt) gehören, doch wird dies angesichts der Machtverhältnisse in unserer Welt nunmehr auch auf den Kampf gegen Christen und Juden ausgeweitet.

- Die meisten Muslime haben Auffassungen, die irgendwo dazwischen liegen.

Wie ist die Sicht des Dschihad im Anfang, wie steht Mohammed dazu, was sagt der Koran dazu?

Hier muss man differenzieren und zwischen Koranversen aus der Mekka-Zeit Mohammeds (Koranoffenbarungen von 610 bis 622) und aus der Medina-Zeit (622–632) unterscheiden. In der Mekka-Zeit war Mohammed allein Prophet des einen Gottes, in der Medina-Zeit wird er zum gesellschaftlichen und auch militärischen Anführer. Doch heißt es grundlegend im Koran: »Und wenn sie sich dem Frieden zuneigen, dann neige auch du dich ihm zu und vertrau auf Gott.« (Sure 8,61)

In Medina wird Mohammed zum Politiker und Feldherrn. Es geht um Selbstverteidigung, aber darüber hinaus um Eroberung des Landes für den Islam. Dabei unterscheidet der Islam grundsätzlich zwischen der Behandlung der Polytheisten und den Mitgliedern der »Buchreligionen« Judentum und Christentum. Letztere sollen zwar unterworfen werden, werden dann aber, wenn sie Tribut zahlen, nicht mehr behelligt – dies war lange Zeit muslimische Praxis in Spanien und im Vorderen Orient.

Mit den Polytheisten sollen Muslime dagegen keine Gemeinschaft haben. In der medinischen Zeit heißt es: »O ihr, die ihr glaubt, nehmt euch nicht die Ungläubigen zu Freunden.« (Sure 5,57) Und schärfer noch: »Und kämpft auf dem Weg Gottes gegen diejenigen, die gegen euch kämpfen. Und tötet sie, wo immer ihr sie trefft, und vertreibt sie, von wo sie euch vertrieben haben. Wenn sie gegen euch kämpfen, dann tötet sie. Kämpft gegen sie, bis es keine Verführung mehr gibt und bis die Religion nur noch Gott gehört« (aus Sure 2,190–194). Oder ähnlich: »Diejenigen, die glauben, kämpfen auf dem Weg Gottes. Und diejenigen, die ungläubig sind, kämpfen auf dem Weg der Götzen. So kämpft gegen die Freunde des Satans.« (Sure 4,76)

Die Sure 2 mit ihrer Forderung nach Tötung der anderen scheint eine klare Bestätigung muslimischer Gewalt aus dem Herzen des Koran heraus zu sein. Doch sind die zitierten Verse dieser Sure in den Gesamtzusammenhang einzuordnen, und dies betrifft eine bestimmte und nicht wiederholbare zeitgeschichtliche Situation: den Kampf der Muslime um die Vorherrschaft in Mekka – Heimatstadt des Mohammed und noch unter der Herrschaft des polytheistischen Stammes der Quraisch. In Mekka soll durch den Kampf der nun in Medina ansässigen Muslime der Glaube an den einen Gott verwurzelt werden. Aber auch dabei gilt die »Wenn-Dann-Einschränkung«: Wenn die Mekkaner kämpfen, dann dürfen Muslime in Selbstverteidigung auch zum Mittel des Kampfes greifen, aber nur dann.

Sure 2 ist die älteste der medinischen Suren, Mohammed unmittelbar nach seiner Auswanderung (Hidschra) im Jahr 622 geoffenbart, als er noch unter dem Eindruck des ihn und seine Gefährten persönlich bedrohenden Konfliktes in Mekka stand. Diese Bedrohung bestand in der ersten medinischen Zeit fort, als immer wieder mekkanische Heere die Stadt Medina, damit aber auch den jungen islamischen Glauben bedrohten. Für diese spezielle Situation der Selbstverteidigung gegen einen Aggressor gilt dieser Tötungsvers, keineswegs aber als allgemeine Regel für andere Zeiten und Situationen und erst recht nicht für heute.

Die Rechtfertigung von (auch militärischer) Gewalt im Falle der Selbstverteidigung ist zudem durchaus auch christlich begründet. So schreibt etwa das Zweite Vatikanische Konzil in seiner Pastoralkonstitution »Die Kirche in der Welt von heute« nach einer klaren Verurteilung der barbarischen Kriegsführung als Verbrechen dennoch (79): »Man kann, wenn alle Möglichkeiten einer friedlichen Regelung erschöpft sind, einer Regierung das Recht auf sittlich erlaubte Verteidigung nicht absprechen ... Der Einsatz militärischer Mittel, um ein Volk rechtmäßig zu verteidigen, hat jedoch nichts zu tun mit dem Bestreben, andere Nationen zu unterjochen.«

Dieser Satz lässt sich auf die Gewaltgeschichte der Christen anwenden, er kann auch helfen, Gewalt im Kontext des Islam zu bewerten: Selbstverteidigung ist nach Ausschöpfung aller friedlichen Mittel erlaubt, allerdings entsprechend den Regeln des Völkerrechts keine Gewalt gegen nichtkämpfende Zivilisten. Es bleibt etwa zu fragen, ob der gewaltsame Widerstand palästinensischer Kämpfer gegen die völkerrechtswidrige Besetzung des Westjordanlandes durch Israel ab 1967 (gegen entsprechende UNO-Beschlüsse) nicht eine solche berechtigte gewaltsame Selbstverteidigung ist – zumindest dann, wenn sie sich nicht gegen Zivilisten richtet. Dazu wird später im Kontext Israels mehr zu sagen sein.

Keineswegs aber können sich die brutalen Schlächter des Islamischen Staates auf den Koran und die Verse der Sure 2 berufen. Sie sind im Irak zwar »eine Missgeburt des katastrophalen Krieges der USA von 2003«, wie es der indische Schriftsteller Pankaj Mishra (*1969) ausgedrückt hat. Und im syrischen Bürgerkrieg hat der ebenso brutale Schlächter Präsident Baschar Hafiz al-Assad (*1965), ein Mann mit alawitischer Religion, einem esoterischen Zweig des Islam, ein Vielfaches der Opfer des IS zu verantworten, ein rücksichtsloses Abschlachten der eigenen Bevölkerung durch Fassbomben und Giftgas (mit russischer [»christlicher«] Unterstützung). Obwohl IS und Assad aus verschiedenen Richtungen des Islam stammen (sunnitisch und alawitisch, dies nicht zu verwechseln mit dem türkischen alevitischen Islam), in ihren Handlungen verraten sie die Grundsätze des Islam in gleicher Weise. Der sunnitische IS nimmt die islamische Religion als Alibi für äußerste Gewalt und Hass auf alles, was ihm in seiner Sicht unislamisch erscheint – in gleicher Weise tut dies die mit dem IS inzwischen verbündete Terrororganisation Boko Haram im Norden Nigerias. Assad dagegen instrumentalisiert den Islam nicht.

Doch die Auswirkungen beider Verbrechergruppen sind gleich: Hunderttausende von Toten, Millionen von Flüchtlingen und unermessliches Leid in großen Gebieten des Vorderen Orients – ein Leid, das durch die Flüchtlingsströme auch bis zu uns herüberschwappt: Denn kein Land ist eine Insel – wenn ein Land leidet, wirkt sich dies heute auf die ganze Welt aus.

Dass islamistischer Terror nichts mit der eigentlichen Botschaft des Korans zu tun hat, wird auch aus dem bereits genannten Offenen Brief der 138 muslimischen Gelehrten deutlich, die zwar keine oberste Lehrinstanz im Islam sind (wie der Papst in Rom für die katholischen Christen), aber dennoch in ihrer Summe die maßgebliche Linie des Islam prägen. Die Äußerungen dieses Schreibens sind die Mehrheitsmeinung des Islam, nur fundamentalistische und ex-

tremistische Gruppen sehen dies anders – solche Gruppierungen allerdings gibt es in jeder Religion. In dem Offenen Brief von 2007 heißt es unter anderem:
»Wir möchten betonen, dass der Begriff des ›Heiligen Krieges‹ in islamischen Sprachen nicht existiert. Dschihad, das muss ausdrücklich erklärt werden, bedeutet Einsatz, Engagement, Sich-Anstrengen, und insbesondere sich einzusetzen auf dem Wege Gottes. Wenn Dschihad nun auch insofern heilig sein mag, als er auf ein heiliges Ziel gerichtet ist, so ist er nicht notwendigerweise ein ›Krieg‹. Die maßgebenden überlieferten islamischen Regeln für Kriegsführung lassen sich in den folgenden Grundprinzipien zusammenfassen:

1. Zivilisten dürfen nicht das Ziel militärischer Aktion sein. Das wurde ausdrücklich immer wieder vom Propheten, seinen Gefährten und allen nachfolgenden Gelehrten betont.
2. Niemand wird allein aufgrund seiner religiösen Überzeugung angegriffen. Die muslimische Urgemeinde kämpfte gegen Heiden, die sie aus ihren Häusern vertrieben, sie verfolgt, gefoltert und ermordet hatten. Spätere islamische Eroberungen waren von politischem Charakter.
3. Muslime können und sollen friedlich mit ihren Nachbarn zusammenleben. Das schließt jedoch legitime Selbstverteidigung und Bewahrung der eigenen Souveränität nicht aus.«

Wie sieht die Haltung des Korans zu den Christen aus? Auch hier findet sich eine unterschiedliche Sicht in den einzelnen Suren, je nachdem ob sie in der Frühzeit in Mekka oder in der Spätzeit in Medina entstanden sind.

Doch heißt es sogar in einer der letzten Suren kurz vor dem Tod Mohammeds:»Und du wirst sicher finden, dass unter ihnen diejenigen, die den Gläubigen in Liebe am nächsten stehen, die sind, welche sagen: ›Wir sind Christen.‹« (Sure 5,82) Eine positive Bewertung der Christen also, obwohl die Christen in islamischer Sicht die ihnen durch den Propheten Jesus übergebene Offenbarungsschrift des Evangeliums (im Islam nicht differenziert in vier Evangelien) dadurch verfälscht haben, dass sie dem einen und einzigen

Gott zwei andere Gestalten, nämlich Jesus und Maria, »beigesellt« haben.

Christen werden wie Juden als »Leute des Buches« (Tora, Evangelium) bezeichnet. Streitpunkt ist aber die Stellung Jesu: »O ihr Leute des Buches, übertreibt nicht in eurer Religion und sagt über Gott nur die Wahrheit. Christus Jesus, der Sohn Marias, ist doch nur der Gesandte Gottes und sein Wort, das er zu Maria hinüberbrachte, und ein Geist von ihm. So glaubt an Gott und seine Gesandten. Und sagt nicht: drei [Personen Gottes]. Hört auf, das ist besser für euch. Gott ist doch ein einziger Gott. Gepriesen sei Er und erhaben darüber, dass Er ein Kind habe.« (Sure 4,171)

In der mekkanischen Zeit Mohammeds waren die Christen keineswegs mit einem Feindbild belegt, sondern erfuhren als Anhänger einer Buchreligion wie auch die Juden durchaus Respekt. In späterer Zeit (Medina-Zeit) verschärft sich der Gegensatz zu den Christen (und Juden): »Nehmt euch nicht die Juden und die Christen zu Freunden.« (Sure 5,51) – »Ungläubig sind diejenigen, die sagen: ›Gott ist Christus, der Sohn Marias.‹« (Sure 5,17)

Im Jahr 630, nachdem Mohammed erfolgreich Mekka seinem islamischen Reich angegliedert hat, kommt es zu einer ersten größeren Auseinandersetzung im Norden, zu einer Schlacht mit einem Heer des christlich-byzantinischen Reiches (Schlacht von Tabuk). Als Resonanz auf diese erste militärische Auseinandersetzung zwischen Muslimen und Christen, bei der keine Seite einen Sieg davontragen konnte, gelten die sogenannten Dschizya-Verse der Sure 9. Dschizya ist eine Art Tribut oder Freistellungssteuer, die Juden und Christen in islamischen Gebieten bezahlen mussten, weil sie als nicht Rechtgläubige nicht in muslimischen Heeren dienen durften. In Sure 9,29 heißt es: »Kämpft gegen jene, die – obwohl ihnen (vordem) Offenbarung gewährt wurde – nicht an Gott und nicht an den Letzten Tag (wahrhaft) glauben und nicht als verboten erachten, was Gott und Sein Gesandter verboten haben, und nicht der Religion der Wahrheit [Islam]folgen (die Gott ihnen aufgetragen hat), bis sie zustimmen, die Freistellungssteuer (dschizya) mit williger Hand zu entrichten, nachdem sie im Krieg gedemütigt wurden.«

Christen werden damit zu Schutzbürgern, die keine volle Gemeinschaft mit den Muslimen haben und eine Sondersteuer zahlen müssen, eine Kopfsteuer. Sie können keine hohen Ämter einnehmen, weil laut einem Hadith Mohammeds gilt:»Der Islam herrscht und wird nicht beherrscht.« In der Praxis sah dies vor allem in den Dynastien der Umayyaden (auch Omayyaden) und Abbasiden anders aus: Hier konnten Christen in Staat und Wissenschaft hohe und sogar leitende Stellungen einnehmen. Ebenso wurde ein intensiver Handel mit Christen gepflegt.

Heute ist die Situation der Christen in den islamischen Ländern unterschiedlich: Neben toleranteren Gesellschaften (etwa in den Ländern Zentralasiens) ist eine zunehmend strengere Abgrenzung zu beobachten (etwa in Südostasien, Malaysia, Indonesien) oder eine erhebliche Benachteiligung von Christen (etwa in arabischen Ländern und Pakistan). Gewalt gegen Christen flackert immer wieder auf wie in Pakistan, Nigeria und Ägypten und natürlich in extremer Weise in den Kriegsgebieten des Vorderen Orients.

Wie geht die Geschichte des Islam nach Mohammed weiter? Es ist, das ist nicht zu bestreiten, immer auch eine Gewaltgeschichte: Zuerst ist dies bedingt durch die Eroberung der arabischen Halbinsel, deren Stämme von Mohammed zum ersten Mal geeint werden. Doch dann folgt eine überraschend schnelle Expansion der muslimischen Herrschaft: Zuerst werden die umliegenden Länder und Kulturen von den arabischen Heeren erreicht – dies ist ein religiös ideologisierter Kampf, aber ebenso von anderen Motiven bestimmt: politischen, wirtschaftlichen ... Hier ein Überblick über die kriegerische Ausbreitung des Islam ab dem 7. Jahrhundert:

- 622–632: *Mohammed* erobert von Medina aus zuerst das Umland, dann Mekka, schließlich die Gebiete anderer Stämme auf der arabischen Halbinsel.
- 632–661: Die *vier rechtgeleiteten Kalifen* Abdallāh Abu Bakr, Umar ibn al-Chattāb, Uthmān ibn Affān, Alī ibn Abī Tālib setzen diese Eroberungspolitik mit ungeheurer Geschwindigkeit fort: Abu Bakr (632–634) konsolidiert die durch Mohammed gewonnene muslimische Herrschaft über ganz Arabien; Umar (634–644) gewinnt den Vorderen Orient hinzu (635 Jerusalem),

dazu Nordafrika (639 Ägypten, 642 Kyrenaika [Libyen]), 642 Persien.

- Nach diesem raschen Vorstoß, der arabisch-muslimische Heere in der Folge auch über ganz Nordafrika hinweg bis nach Europa bringt, eskaliert zuerst einmal die Gewalt innerhalb des Islam: Der dritte Kalif, Uthmān, wird durch seinen Nachfolger Ali ermordet. Ali selbst und seine Söhne Hassan und Hussein werden 661 und 680 ebenfalls ermordet – dies bewirkt neben der unterschiedlichen Sicht, wer unmittelbarer Nachfolger Mohammeds gewesen sein soll (Abu Bakr oder Ali, Mohammeds Schwiegersohn) die Trennung von Sunniten und Schiiten. Nach Alis Tod erlangt der Statthalter von Damaskus, Muāwiya I. (661–680), mit militärischer Gewalt die Macht.

- 661–750: Die *Umayyaden in Damaskus* weiten ihre Herrschaft weiterhin in rascher Folge aus: Im Jahr 711 trifft es Spanien, ebenfalls 711 das Industal (heute Pakistan), 712 Südrussland, 732 ist die Schlacht bei Poitiers, Frankreich. Im Jahr 750 wird die Dynastie durch die Abbasiden zerschlagen, nur ein Prinz der Umayyaden flieht nach Spanien und gründet dort die Umayyadendynastie von Cordoba.

- 750–1258: Die *Abbasiden-Dynastie in Bagdad* ist zu Beginn ein Großreich, in der Spätzeit gibt es jedoch eine Zersplitterung in regionale Fürsten und neue Mächte, dazu Kämpfe mit den Kreuzrittern und Kreuzfahrerstaaten (1096–1270). Die Dynastie wurde schließlich 1258 durch den mongolischen Herrscher Hülegü (1217–1265, ein Enkel von Dschingis Khan) zerstört, der den letzten Abbasiden-Kalifen hinrichten ließ. Auch hier entkam ein Prinz nach Ägypten und wurde dort sogar offiziell als Kalif eingesetzt, doch behielten sich die Mameluken in Kairo die Herrschaft vor.

- 1281–1924: Es folgte die *osmanische* Herrschaft über den Vorderen Orient und Nordafrika: 1453 Eroberung Konstantinopels, 1517 Eroberung Ägyptens, zweimaliges Vordringen vor Wien (1529 und 1683).

- 20. Jahrhundert: Zur Gewaltgeschichte des Islam müssen im 20. Jahrhundert auch die »Befreiungskriege« (aus islamische Sicht) gegen westliche Vorherrschaft gezählt werden, die zu den – oft wie im Irak mit willkürlichen Grenzen geschnittenen – neuen Staaten führten: Zum ersten Mal seit den arabischen, umayyadischen, abbasidischen und osmanischen Großreichen mit vielen Völkern waren nach dem Zusammenbruch des Osmanischen Reiches im Ersten Weltkrieg kleinere staatliche Einheiten geschaffen worden, die aber meist unter der Vorherrschaft der westlichen Mächte Großbritannien und Frankreich (in Libyen auch Italien) standen. Saudi-Arabien mit den heiligen Orten Mekka und Medina wurde 1932 unabhängig, die Vereinigten Arabischen Emirate erst 1971. Der Irak entstand 1920 als Königreich der drei osmanischen Provinzen Mossul, Bagdad und Basra, wodurch einer der Gründe für den heutigen Bürgerkrieg zwischen Sunniten (vorrangig in der Provinz Bagdad), Schiiten (vorrangig in der Provinz Basra) und Kurden (vorrangig in der Provinz Mossul) liegt. In Syrien bestand bis 1946 ein Völkerbundmandat für Frankreich – erst danach entwickelte sich ein unabhängiger Staat. Ägypten wurde 1922 ein eigenständiges Königreich – allerdings bis 1936 noch von Großbritannien abhängig.

- Die Geschichte des Vorderen Orients und damit der Kernländer des Islam zeigt sich also als verwirrende Gewaltgeschichte. Auch heute verbindet man mit dem Islam weithin dieses Gebiet – eine Region der Unruhe, des Krieges und des Terrors. So sind auch die nunmehr weltweit bedeutenden Terrororganisationen, die sich (zu Unrecht!) auf den Islam berufen, in diesem Umfeld entstanden: das islamistische Terrornetzwerk von Al-Qaida (arabisch »das Fundament«), eine erste transnationale Terrorgruppe, im Jahr 1993 durch den aus Saudi-Arabien stammenden Osama bin Laden (1957–2011) gegründet und schließlich der Islamische Staat (IS), eine seit 2003 aktive Terrorgruppe, die das von ihr eroberte Gebiet zuerst Islamischer Staat im Irak und Syrien (ISIS) nannte und ab 2014 weite Teile von Syrien und Irak als IS beherrschte.

- Es muss aber im Blick auf den Islam auch deutlich werden, dass sich die Länder mit der größten muslimischen Bevölkerung nicht auf der arabischen Halbinsel oder im Vorderen Orient beziehungsweise in Nordafrika befinden, sondern im süd- und südostasiatischen Raum: Indonesien hat bei ca. 275 Millionen Einwohnern etwa 240 Millionen Muslime (ca. 87 %). Von den ca. 220 Millionen Einwohnern Pakistans sind ca. 210 Millionen muslimisch. Von den ca. 1,4 Milliarden Indern sind ca. 200 Millionen muslimisch. Danach folgt Bangladesch mit ca. 155 Millionen Muslime bei einer Gesamtbevölkerung von ca. 170 Millionen. Erst weit dahinter folgen mit Nigeria (ca. 115 Millionen Muslime bei ca. 220 Millionen Gesamtbevölkerung) und Ägypten (ca. 92 Millionen Muslime bei 105 Millionen Gesambevölkerung) afrikanische Länder (Zahlen meist Schätzungen). Die südostasiatischen Muslime sind vergleichsweise wenig von religiös begründeten Konflikten betroffen. Auf die Spannung zwischen Hindus und Muslimen im Gebiet von Indien und Pakistan (in geringem Maß auch von Bangladesch) kommen wir im Zusammenhang mit dem Hinduismus zurück. Nigeria mit halb muslimischer, halb christlicher Bevölkerung ist ein Vielvölkerstaat, der ohne Rücksicht auf die vorgegebene Vielfalt sehr unterschiedlicher Kulturen, Traditionen und Religionen von Großbritannien zu einem Staat geformt wurde – der Terror von Boko Haram bezieht sich in der Regel auf den Norden des Landes.

Wenn dies alles zusammenfassend gewürdigt wird, so ergibt sich eine Geschichte der Gewalt, eine Kriminalgeschichte des Islam, hier nur in Beispielen dargestellt. Diese Gewalt richtete sich in der Geschichte des Islam sowohl nach außen wie auch in hohem Maß nach innen. Von den Terrormorden der schiitisch-ismaelitischen Assassinen im 12. und 13. Jahrhundert im syrisch-iranischen Bergland (Zentrum war die Bergfestung Alamut) scheint eine ununterbrochene Linie bis zum Terror des IS teilweise im gleichen Gebiet zu führen. Gewalt also im Christentum, Gewalt auch im Islam, aber was ist mit den Juden?

Judentum

Um es am Anfang deutlich zu sagen: In ihrer langen Geschichte waren das Volk Israel und die Juden (gleich ob man Israel und Judentum als Volksgemeinschaft oder als Religionsgemeinschaft definiert) und mit ihnen auch ihre jüdische Religion fast immer in der Rolle der gewaltsam unterdrückten und verfolgten Opfer. Es ist eine Leidensgeschichte beginnend mit dem Exil in Babel, mit der Unterdrückung durch die Seleukiden im zweiten vorchristlichen Jahrhundert, dann ab 63 v. Chr. durch die Römer. Der Tempel und die Stadt Jerusalem als politisches, aber auch geistliches Zentrum des damaligen Judentums wurden zerstört, 586 v. Chr. zum ersten Mal durch den Ansturm Babylons, 70 und 135 n. Chr. durch die Römer. Dies führte jeweils weiter in eine Geschichte der Vertreibung der jüdischen Oberschicht aus Jerusalem in alle Völker. Immer wieder gab es in den Jahrhunderten nach Christus Pogrome, Massaker, Vertreibungen – bei dem Blick auf die Christentumsgeschichte wurden einige wenige von vielen Beispielen zu dieser Gewalt gegen Juden erwähnt. Und dies gipfelte, so müssen wir als Deutsche mit Beschämung sagen, im Holocaust, übersetzt ein umfassendes (holo) Brandopfer (caustum), in der Shoah, hebräisch: »der großen Katastrophe«.

Also jüdische Religion ein Beispiel, wie Gewalt zu durchleiden ist, und nicht, wie Gewalt ausgeübt wird? Ist das Judentum gleichzusetzen mit Opfer? Oder sind Juden zugleich auch Täter; ist auch die Geschichte des Judentums von Gewalt durchsetzt? Schauen wir zu Beginn auf die Heilige Schrift der Juden, die Hebräische Bibel (in etwa das Erste, Alte Testament der Christen).

Im Buch der Psalmen lautet der bereits zitierte Schlussvers von Psalm 137 (8-9): »Tochter Babel, du Zerstörerin! Wohl dem, der dir heimzahlt, was du uns getan hast! Wohl dem, der deine Kinder packt und sie am Felsen zerschmettert!«

Ein solcher Text steht in der Hebräischen Bibel, dazu im Buch der Psalmen, einer Art spiritueller Mitte der Hebräischen Bibel, im »Gebetbuch« von Juden und Christen! Bis vor einigen Jahren mussten katholische Priester im Brevier einmal die Woche diesen Psalmvers beten – ein Horror.

Doch ein solcher Vers ist kein Einzelfall. Wer das Buch Josua oder das Buch der Richter, aber auch die Davidsgeschichte liest, ist erschüttert über das Ausmaß an Gewalt, das dort anklingt. Und immer wird die Gewalt religiös begründet: Weil Jahwe es so will, muss die Stadt vernichtet, müssen ihre Bewohner getötet werden (vgl. etwa Josua 6,17 zu Jericho und 8,2 zu Ai). Weil der Zorn Jahwes entbrennt, brennen Sodom und Gomorrha (Genesis 19). Weil Jahwe ein eifernder Gott ist, lässt Elija die vierhundertfünfzig Baalspropheten und vierhundert Ascherapropheten töten (1 Könige 18,19–40), wird die Steinigung von Ehebrecherinnen gefordert (Levitikus 20,10) und andere Gewalt mehr.

Gewiss, wir sehen, dass Psalm 137 die Rachefantasie Unterdrückter darstellt, wir verkennen auch nicht, dass die Landnahme historisch anders ablief als im Buch Richter geschildert: kein zerstörerischer schneller Einmarsch, sondern ein langsames Einsickern nomadischer Stämme. Dennoch es ist nicht zu bestreiten: Das Alte, Erste Testament und damit die Bibel der Juden spricht nicht allein vom barmherzigen Gott, sondern ebenso vom kämpferischen, ja gewalttätigen, vom »schlagenden Gott« (so der Theologe Manfred Görg). Ist es wirklich so, wie es Richard Dawkins, Zoologe an der Oxford University, (vgl. Spiegel 43/2006,188) gesagt hat: »Der Gott des Alten Testaments ist ein frauenfeindlicher, homophober, rassistischer, völkermordender, sadomasochistischer, unberechenbarer, bösartiger Tyrann«? Das ist heftig, allzu heftig, aber jedes Wort lässt sich durchaus durch Beispiele der Schrift belegen. Nur wenige Erinnerungen:

David, der große König, der Psalmendichter und Liedersänger, der Stammvater des Messias, eine hehre Gestalt, so könnte man meinen. Doch gibt es die gewalttätige Seite des David. Nicht allein in der Erzählung, als er auf Batseba, die Frau des Hetiters Urija, zugreift und ihren Mann töten lässt, um sie zu besitzen (2 Samuel 11). Nein, wir sehen David auch in seiner Vorkönigszeit als brutalen Rebellen, der im Auftrag der Feinde Israels, der Philister, handelt:

»David verheerte das Land und ließ weder Männer noch Frauen am Leben; Schafe und Rinder, Esel, Kamele und Kleider aber nahm er mit.« (1 Samuel 27,9) War David nicht nur verehrter König, sondern auch Terrorist und Räuber?

Eine unerklärliche und noch weniger zu akzeptierende Erzählung der Hebräischen Bibel von Gewalt findet sich am Beginn der Exodustradition, der Geschichte vom Auszug des Volkes Israel aus Ägypten, der Gründungstradition Israels und des jüdischen Volkes bis heute: Hier findet sich nicht nur menschliche Gewalt, von der die Bibel ja in einer Linie von Kain bis zu den Märtyrern des christlichen Neuen Testaments erzählt. Hier findet sich – nicht nur rätselhaft, sondern schlicht unerträglich – Gewalt, die von Gott selbst ausgeht: die breit angelegte Erzählung von den zehn Plagen Ägyptens (Exodus 8–12): Wasser wird zu Blut, Frösche, Stechmücken, Stechfliegen, Viehpest, Schwarze Blattern, Hagel, Heuschrecken, Finsternis und schließlich der von Gott (!) verursachte Tod der ägyptischen Erstgeborenen. Es ist Gott selbst, der die Erstgeborenen der Ägypter erschlägt, ein Blutbad ohne Ausmaß, vernichtendes Unheil für alle, die nicht zu Israel gehören. Aber auch sein Volk Israel lässt Jahwe auf dessen Weg durch die Wüste nicht in Ruhe. Immer wieder, wenn das Volk aufgrund von Wassermangel, Hunger oder einfach nur der Mühe des nicht enden wollenden Weges murrt, gibt es in der Erzählung der Bücher Exodus und Deuteronomium pure Gewalt.

Während Mose noch auf dem Gottesberg ist, macht sich das Volk aus dem Gold seiner Schmuckstücke eine Stiergottheit, verniedlichend »Goldenes Kalb« genannt, greift also auf die im Vorderen Orient überall anzutreffende Verehrung des Stieres als Sinnbild einer machtvollen Gottheit zurück. Die Rache Jahwes ist gewaltig: Sein Prophet Mose fordert zur gewaltsamen »Reinigung« des Volkes von allem nicht Jahwe gemäßen Glauben auf: »Jeder erschlage seinen Bruder, seinen Freund, seinen Nächsten.« (Exodus 32,27) Und so geschieht es, dreitausend Mann fallen. Das aber kommentiert Mose so: »Jeder von euch ist heute gegen seinen Sohn und seinen Bruder vorgegangen, und der Herr hat Segen auf euch gelegt.« (Exodus 32,29) Der Segen Gottes erreicht die noch blutverschmierten Mörder, die um der Reinheit ihres Glaubens willen ihre nächsten Angehörigen getötet haben – eine zynische, brutale, fundamentalistische Sicht.

Den schlagenden Gott finden wir auch an vielen anderen Stellen: nicht nur im Buch der Richter, sondern auch in der Jakobserzählung, wo der Unbekannte den Vater Jakob schlägt und an der Hüfte verletzt (Genesis 32,23–33). Schlimmer noch erscheint die mythische Erzählung von der Urflut (Genesis 6–9), in der von einer nahezu totalen Vernichtung der Menschheit erzählt wird. Dies ist sicherlich ein mythisch-symbolischer Text, aber dennoch gilt: Hier wird in der Bibel ein Gott dargestellt, der seine Geschöpfe umbringt! Oder denken wir an die Novelle von Ijob, der von Gott wegen einer Wette mit Satan ins Elend gestürzt wird, auch dies ein gewaltsames Handeln, bei dem Gott einen als gerecht bezeichneten Menschen (Ijob 1,1) »schlägt«.

Wir könnten mit solchen Beispielen fortfahren, doch bleibt: Dieser Gott Israels, Jahwe, dieser Gott der Juden, damit auch der Gott Jesu und der Christen, zeigt wie der römische Gott Janus ein doppeltes Gesicht: Er ist der Gott der Befreiung, der das Schreien der Armen hört und sie aus ihrer Not befreit. Er ist aber auch der »schlagende Gottkönig«, Herr über Leben und Tod, dessen Handlungen man nicht verstehen kann und der ebenso rätselhaft bleibt wie die geheimnisvolle Wolke, die Israel auf dem Weg durch die Wüste voranzieht. Ein Gott also des Lebens und des Todes, des Friedens und des Krieges, der Liebe und der Gewalt.

Der Prophet Jesaja hat dieses doppelte Gesicht Gottes meisterhaft dargestellt, wenn er Jahwe sagen lässt: »Ich bin der Herr, und sonst niemand. Ich erschaffe das Licht und mache das Dunkel. Ich bewirke das Heil und erschaffe das Unheil. Ich bin der Herr, der das alles vollbringt.« (Jesaja 45,6b–7)

Christen können aus dieser Tradition der Hebräischen, Jüdischen Bibel eine Linie ziehen bis ins Neue Testament. Denn der »schlagende Gott« hat auch bei Jesus »zugeschlagen« und ihn auf einen Weg zum Kreuz geführt. Gewiss, Jesus stirbt durch die Gewalt von Menschen, doch greift Gott auf dem Leidensweg seines Christus nicht ein. Oder doch?

Denn im Geschehen von Kreuz und Auferweckung Jesu sehen glaubende Christen, dass die Gewalt, auch die Gewalt Gottes, nicht das Letzte ist. Der »Schlagende« wird der »Heilende«, der »Todbringende« wird der »Lebenbringende«, der »Tötende« wird der »Auferweckende«. Kreuz und Auferweckung Jesu bringen eine grundsätzliche Wende – denn hier zeigt sich, dass der Grundtenor nicht nur des Neuen Testaments, sondern auch der Hebräischen Bibel ein anderer ist als Gewalt und Tod.

Im Geschehen der Auferweckung Jesu, das die wesentliche Gründungstradition des Christentums und der christlichen Kirche ist, wiederholt sich das, was Israel beim Auszug aus Ägypten als Befreiung erfahren hat: Der Gott mit doppeltem Gesicht erweist sich im Letzten als ein menschenfreundlicher Gott, der jede Unterdrückung und Not, aber auch den Tod in jeder Form überwindet. Die »Ära menschlicher und göttlicher Gewalt« wird durch das »Reich Gottes des Friedens und der Gerechtigkeit« abgelöst und überwunden. Hier findet sich ein und wohl der einzige Ansatz, das ambivalente, zweigesichtige Gottesbild von Licht und Dunkel einzuordnen und zu verstehen.

Soweit zur biblischen Botschaft, wir werden auf die Deutung biblischer Texte noch zurückkommen (vgl. Seite 110). Doch wie sieht die Praxis jüdischen Glaubens heute aus? Das Volk Israel hat von seinen Ursprüngen her – die Juden bauen noch heute darauf auf – ein besonderes Verhältnis zum Land, das ihnen von Gott verheißen wurde. Es ist das Land, in dem die Urväter Abraham, Isaak und Jakob lebten, es ist das Land, in dem das Volk nach der Befreiung aus Ägypten eindrang (zur historischen Sicht dieser biblischen Erzählungen sei hier nichts gesagt), es ist das Land, aus dem die Oberschicht des Volkes ins Exil nach Babylon geführt wurde, dann aber zumindest teilweise zurückkehren konnte. Es ist das Land, aus dem es – wiederum wahrscheinlich nur die Oberschicht – von den Römern herausgeführt wurde und in den bereits bestehenden Diasporagemeinden rund um das Mittelmeer und später auch über diese Region hinaus in ganz Europa, Nordafrika und dem Vorderen Orient zerstreut wurde.

Von der ständigen Vertreibung her, zudem vor allem von den Aussagen ihres Glaubens her hat das Land Israel als geografischer Raum für Juden eine ganz besondere Bedeutung. Während sich der jüdische Zionismus in seiner ersten Zeit am Ende des 19. Jahrhunderts durchaus auch ein anderes Gebiet als »nationale Heimstatt« für Juden vorstellen konnte – genannt wurden etwa Madagaskar und Südamerika (Buenos Aires) –, so ergab sich dann doch eine Rückkehr der verfolgten Juden in das »Land der Väter«, in das Land, in dem die Gräber der Patriarchen waren (etwa das Grab Abrahams in Hebron). Eine Rückkehr also in die »alte Heimat«, ein nahtloses Anknüpfen an die Vergangenheit?

Nur auf diesem Hintergrund werden die Politik des Staates Israel heute, die Siedlungen im Westjordanland, die völkerrechtswidrige Besetzung des Ostteils von Jerusalem, die Mauer um palästinensische Gebiete verständlich, aber keineswegs gerechtfertigt. Denn dennoch – trotz dieses geschichtlichen Hintergrunds, trotz des jüdischen Traumas – muss gefragt werden: Schafft die Politik der Vergeltung und der Gewalt nicht ständig neue Gewalt: »Auge um Auge, Zahn um Zahn, Hand für Hand, Fuß für Fuß« (Exodus 21,24), Leben um Leben? Wird berechtigte Verteidigung nicht maßlos überzogen? Werden die Werte, an die man glaubt, nicht dadurch hinfällig und unglaubwürdig, dass man sie den anderen verweigert?

Schauen wir im Einzelnen hin: Die Katastrophe der Shoah führte zu einer verstärkten Einwanderung von Juden nach Palästina und schließlich zu einem jüdischen Staat Israel. Dies geschah weitgehend gegen den Willen der britischen Mandatsregierung, an die nach dem Ersten Weltkrieg und dem Zusammenbruch des Osmanischen Reiches ein Mandat des Völkerbundes über den Vorderen Orient ging.

Dass die britische Regierung angesichts des verstärkten Zuzugs von Juden nach Palästina ratlos war, macht die Tragödie des Schiffes »Exodus (of Europe 1947)« deutlich, eigentlich ein amerikanischer Truppentransporter mit Namen »President Warfield«: Dieses Schiff nahm am 11. Juli 1947 in Südfrankreich etwa 4500 jüdische Flüchtlinge auf, um sie nach Palästina zu bringen. Unmittelbar vor der palästinensischen Hafenstadt Haifa enterten am 18. Juli britische Marinesoldaten das Schiff, es gab Tote und Verletzte. Die Passagiere wurden mit britischen Transportschiffen zurück nach Frankreich gebracht.

In Palästina selbst gab es zur Durchsetzung eines jüdischen Staates bereits ab 1920, verstärkt ab 1946 Terrorangriffe einer jüdischen Untergrundarmee. Dies war zum einen die *Hagana* (hebräisch *ha-hagana* = »die Verteidigung«), die nach der Staatenbildung Israels den Grundstock einer neuen israelischen Armee bildete. In den Jahren zuvor allerdings tat sich die Hagana durch antibritische Sabotageakte und auch Bombenanschläge hervor. Stärker durch Terror nicht allein gegen die Briten, sondern auch gegen die im palästinensischen Gebiet lebenden Araber tat sich die *Irgun Tzwa'i Le'umi* (hebräisch »Nationale Militärorganisation [im Land Israel]«) hervor. Am 22. Juli 1946 etwa verübte die Irgun einen Bombenanschlag auf das King David Hotel in Jerusalem mit 91 Toten.

Das Problem der nicht abreißenden Gewalt in Israel und Palästina liegt vor allem darin begründet, dass es in Palästina nicht ein Land und ein Volk gibt, sondern eine Region mit zwei Völkern, die beide Rechte geltend machen – die arabischen Palästinenser, dazu die zugewanderten Juden aus aller Welt, die sich auf eine noch ältere Geschichte und ein (fiktives) Großreich Davids berufen, das es wiederherzustellen gilt.

Was die Sachlage geradezu grotesk machen würde, ginge es dabei nicht um Menschenleben, ist Folgendes: Als die Römer Jerusalem und den Tempel zerstörten, führten sie keineswegs die gesamte Bevölkerung in Israel in die Diaspora – was hätten sie mit jüdischen Bauern und Fischern in den hoch entwickelten Städten des Römischen Reiches anfangen sollen? Die Landbevölkerung, so muss man annehmen, blieb, wurde zwar wirtschaftlich ausgeplündert, doch konnte sie an ihrem Boden festhalten. Diese (zuerst noch jüdischen) Menschen in den ländlichen Regionen Israels konvertierten dann nach der Konstantinischen Wende zum Christentum und noch einmal 300–400 Jahre später zum ab dann herrschenden Islam. So gesehen sind die heutigen Palästinenser – sieht man von weiteren Wanderungsbewegungen ab – die Nachkommen der damals im ersten Jahrhundert n. Chr. im Land gebliebenen Juden. Ausgerechnet gegen sie richtet sich heute jüdische Gewalt. Dass das Land Palästina bereits besiedelt war, haben die Zionisten ab Ende des 19. Jahrhunderts nicht berücksichtigt. Die vor Ort herrschende Situation hat auch die britische Regierung nicht ausreichend berücksichtigt, als sie am 2. November 1917 den Juden in Europa durch ihren Außenminister James Balfour in der Balfour-Deklaration eine »nationale Heimstätte in Palästina« zusagte – ein Dokument, auf das sich Israel vor allem bei der Staatengründung 1947 berief. Darin heißt es, über den Baron Rothschild an den Zionistischen Weltkongress gerichtet:

»Die Regierung Seiner Majestät betrachtet mit Wohlwollen die Errichtung einer nationalen Heimstätte für das jüdische Volk in Palästina und wird ihr Bestes tun, die Erreichung dieses Zieles zu erleichtern, wobei, wohlverstanden, nichts geschehen soll, was die bürgerlichen und religiösen Rechte der bestehenden nicht-jüdischen Gemeinschaften in Palästina oder die Rechte und den politischen Status der Juden in anderen Ländern infrage stellen könnte.«

Was hier noch nach einem gerechten Interessenausgleich von jüdischen und nicht-jüdischen Bevölkerungsanteilen klingt, führte dann in der Folge nicht zu einem Staat und einer Regierung der nationalen Einheit von Juden und Palästinensern, sondern zu einer Teilung des Landes. Israel war eben kein »leeres Land«, in das man eine neue Bevölkerung im Stil der europäischen Kolonisation schicken konnte. Eine solche Zusage erfolgte ohne Einverständnis der dort lebenden Bevölkerung – hier liegt ein wesentlicher Grund für den seit 1945 nahezu ununterbrochenen Konflikt, ja immer wieder Krieg zwischen Israel und seinen arabischen Nachbarn.

Die UNO allerdings berücksichtigte die Rechte beider Völker mit ihrem (mit absoluter Mehrheit!) beschlossenen Teilungsplan vom 29. November 1947, der je einen jüdischen und palästinensischen Staat vorsah und die für Juden, Christen und Muslime heilige Stadt Jerusalem unter internationale Aufsicht stellen wollte. Das aber lehnten 1947 die Araber ab. Für sie sah die Situation so aus, dass sie gegenüber der Zeit vor dem Teilungsplan auf Teile ihres Landes verzichten sollten. Gewiss, sie hatten weder in der osmanischen Zeit noch in der Zeit der britischen Mandatsregierung einen eigenständigen Staat gehabt. Doch waren durch die Verschiebungen des Zweiten Weltkriegs und durch die in ihrem Umfeld bereits entstandenen oder allmählich entstehenden anderen arabischen Staaten (vgl. die parallele Entwicklung in Syrien, wo die Mandatschaft der französischen Regierung 1946 endete) auch die Hoffnungen der Palästinenser auf einen eigenen Staat gewachsen, der den ganzen von ihnen besiedelten Raum umfassen sollte. Dass sie nun einen Teil davon für Menschen abgeben sollten, die aus einer ganz anderen Region (nämlich Europa) stammten und wegen der dortigen Verfolgung durch die Nationalsozialisten nun Ausschau nach einem eigenen Land hielten, war den Palästinensern nicht zu vermitteln.

Dennoch hätte eine Zustimmung beider Seiten mit hoher Wahrscheinlichkeit das seit Jahrzehnten unerträgliche Ausmaß der Gewalt erheblich eingeschränkt. Was allerdings folgte, war die Gründung des Staates Israel am 14. Mai 1948, der erste jüdisch-arabische Krieg 1948, der die bereits vorher begonnene Vertreibung von hunderttausenden Palästinensern und die Zerstörung ihrer Dörfer durch jüdische Terrorgruppen fortsetzte und für den jungen Staat Israel ein viel größeres Gebiet ergab, als dies nach dem UNO-Teilungsplan vorgesehen war (vor allem im Norden, in Galiläa). Noch heute leben die palästinensisch-arabischen Flüchtlinge aus jener Vertreibung in riesigen Lagern des Libanon, dazu in Syrien und Jordanien. Sie leben dort ohne Aussicht auf Rückkehr in ihre Heimat und ohne jede wirtschaftlich gesicherte Perspektive – eine Brutstätte neuer Gewalt, die aus der Ohnmacht geboren wird (vgl. den zweiten Teil dieses Buches).

Weitere Kriege folgten 1956, 1967 (Sechs-Tage-Krieg), 1973 (Jom-Kippur-Krieg), 1982 (Libanon-Krieg), dazwischen immer wieder Gewalt und Terror von beiden Seiten. Nach 1967 hielt Israel völkerrechtswidrig und gegen die UNO-Resolution 242 den Sinai besetzt, der später an Ägypten zurückgegeben wurde. Die

Besetzung der syrischen Golanhöhen, einiger libanesischer Grenz-gebiete, vor allem aber der Westbank blieb eindeutig völkerrechts-widrig. Der Gazastreifen ist dabei noch ein Sonderfall, lange Zeit von Israel besetzt, dann offiziell palästinensisches Gebiet (wiewohl kein eigenständiger Staat), für das sich Israel das Recht heraus-nimmt, immer wieder dort einzumarschieren, wenn es aus israe-lischer Sicht notwendig erscheint.

Es zeigt sich also, dass es nun Israel ist, das mit allen Mitteln jeden Vorschlag zu einer Zwei-Staaten-Lösung blockiert und mit seiner Siedlungspolitik im Westjordanland versucht, Fakten zu schaffen. Eine brutale Unterdrückung der Palästinenser, die Zer-störung der wirtschaftlichen Grundlage der Dörfer etwa durch die Rodung von Ölbaumplantagen, die riesige Mauer auf palästinen-sischem Gebiet (gegen die die Berliner Mauer klein war) und an-deres mehr – alles zusammen eine Summe von Gewalt, die jede friedliche Lösung aussichtslos erscheinen lässt.

Und Hauptverantwortlicher dafür ist eindeutig Israel, denn es hat die staatliche Macht und eine militärische Übermacht in diesen Gebieten. Die Palästinenser greifen ebenfalls zu (allerdings meist ohnmächtiger) Gewalt, doch lässt sich dies völkerrechtlich durch-aus als Selbstverteidigung rechtfertigen (sofern es sich allerdings gegen Soldaten und nicht gegen Zivilisten richtet). Eine im Westen häufig zu hörende undifferenzierte Einschätzung der Palästinenser als Terroristen verkennt die wirkliche Gewaltsituation in diesem Gebiet.

Doch die Gewaltspirale geht auf jüdischer Seite noch weiter. Es gibt Gruppierungen eines religiösen Fundamentalismus im heutigen Is-rael, der zunehmend auch politischen Einfluss auf die jetzige Regie-rung gewonnen hat und weithin die innenpolitische Situation Is-raels bestimmt. Solche Gruppen sind religiös geprägt, wirken aber politisch. Ein Beispiel einer solch ultraorthodox-religiösen Gruppe ist *Gusch Emunim* (»Block der Getreuen«):

Gusch Emunim ist keine Partei, sondern eine außerparlamenta-rische nationalreligiöse Vereinigung, 1974 in Jerusalem gegründet. Die Gruppe greift zurück auf einen Begriff, der auch bei anderen ultraorthodoxen und radikalen jüdischen Gruppen seit dem Beginn des Zionismus (1896 Publikation von Theodor Herzl »Der Judenstaat«) eine Rolle spielt: *Eretz Jisra'el* – das »Land Israel«. Dieses Land ist aus der Sicht dieser Gruppen kein Staat wie andere, sondern ein religiös-jüdisch ausgerichtetes Gebiet, ein Heiliges Land, weil sich hier die Verheißungen Gottes konkretisieren. Ein Heiliges Land der Juden, die hier – so die Meinung dieser Gruppen – immer eine Heimstatt hatten und auch heute haben müssen. Die Zeit der Diaspora wird als Unheilszeit gesehen, die nur durch eine Rückkehr in das Heilige Land geheilt werden kann.

Dieses Eretz Israel hatte seine größte Ausdehnung und Bedeutung im Großreich Davids, das entsprechend der biblischen Schilderung nicht nur Israel samt Westbank, sondern auch das Ostjordanland (heute Jordanien) und einen nördlichen Teil bis Damaskus (heute Syrien), dazu den südlichen Libanon umfasste. Selbst Historiker und Archäologen aus Israel (etwa der Historiker Shlomo Sand oder der Archäologe Israel Finkelstein, beide von der Universität Tel Aviv) machen darauf aufmerksam, dass ein solches Großreich eine Fiktion war und durch nichts zu belegen ist. Es ist eine Fiktion, die erst im 8. vorchristlichen Jahrhundert in die biblischen Schriften aufgenommen wurde, um nach dem Fall des Nordreiches Israel durch Assur das Südreich Juda mit Jerusalem als Hauptstadt und dem darin befindlichen Tempel aufzuwerten. Das Reich Davids scheint nach allen außerbiblischen historischen Quellen und dem archäologischen Befund ein kleines Reich im Bergland Judäas gewesen zu sein – anders als das florierende Nordreich Israel zudem ohne größeren Wohlstand. Dieses Reich kann in keiner Weise zur Legitimierung eines neuen »Großreiches wie bei David« in unserer Zeit dienen – ganz abgesehen davon, dass solche geschichtlichen Rückgriffe kein Maßstab für politisches Handeln sein können. Denn sonst könnten – nur ein abstruses Beispiel – die Italiener wieder ein neues italienisch-römisches Großreich rund um das Mittelmeer fordern, das dem (allerdings realen) Großreich Roms vor zweitausend Jahren entspricht.

Doch die ultrareligiösen Gruppen in Israel wie Gusch Emunim fordern die jüdische Besetzung von ganz Eretz Israel, weil es

Gottesland ist, das den Juden zu treuer Verwaltung von Gott selbst übergeben worden ist. Der Heiligkeit des Landes Israel entspricht dabei die Heiligkeit des Volkes Israel, das in diesem Land ohne jede Vermischung mit anderen Völkern als Gottes Volk leben soll. Auch dürfe erobertes Land in keinem Fall zurückgegeben werden – dazu zählt nunmehr auch das von den jüdischen Siedlern im Westjordanland widerrechtlich besetzte Land.

Der Rabbiner Yehuda Amital, Ideologe des Gusch Emunim, begründet das Streben nach Eretz Israel wie folgt (zitiert nach Wolfgang Wippermann, Fundamentalismus, Freiburg 2013, Seite 112): »Dieser Zionismus versucht nicht, die Probleme der Juden dadurch zu lösen, dass er einen jüdischen Staat gründet, er ist vielmehr ein Instrument des Allmächtigen, der das Volk Israel auf seine Erlösung vorbereitet. Die Besiedlung von Eretz Israel durch das Einsammeln seiner Söhne, die Begrünung seiner Wüsten und die Errichtung jüdischer Unabhängigkeit innerhalb des Landes sind nur Schritte in diesem Prozess der Erlösung. Das Ziel des Prozesses ist nicht die Normalisierung des Volkes Israel – eine Nation wie alle anderen Nationen zu sein –, sondern ein heiliges Volk zu sein, Volk eines lebendigen Gottes.«

Und mehr noch: »Folglich können wir in den Zustand des Krieges zwischen uns und den Arabern die Hand der göttlichen Vorsehung sehen, die dafür sorgt, dass die Integrität des Volkes erhalten bleibt.« (ebenda; Seite 112). Solche Gruppen sprechen unter Berufung auf die Bibel geradezu von »einem Gebot der Tora zum Völkermord«.

Solche Äußerungen sind der Hintergrund der nationalreligiösen Politik Israel und des ständigen Konflikts mit den Palästinensern. Sie stellen eine religiös legitimierte Gewalt dar, die angesichts des Spannungsfeldes im Vorderen Orient die kriegerische Auseinandersetzung immer weiter anheizt – Friede und gerechter Ausgleich werden so unmöglich. Zudem: Diese Politik gefährdet letztlich die Existenz Israels.

Ein wichtiger Hinweis noch, um Missverständnisse zu vermeiden: Kritik an Israel ist

- *kein Antisemitismus:* Jedes Vorgehen gegen Juden in unserem Land und anderswo muss ebenso verhindert und rechtlich sanktioniert werden wie in gleicher Weise ein Vorgehen gegen andere Völker, Rassen, religiöse Gruppen und rassische, religiöse, sexuelle oder wirtschaftliche Minderheiten. Zudem gilt: Auch die Palästinenser sind Semiten.

- *kein Antiisraelismus:* Das Recht des jüdischen Volkes auf ein eigenes Land und eine eigene staatliche Ordnung muss von allen Völkern, die der UNO angehören, damit auch von Deutschland, geschützt werden – allerdings muss ebenso auch das Recht der Palästinenser geschützt werden.

- wohl aber *Kritik an der Politik Israels*, die nicht zum Frieden, sondern zu dauerhaftem Krieg und unmäßiger Gewalt führt und jede friedliche Zukunft verhindert.

- Und wenn manche den Deutschen wegen des Holocausts das Recht absprechen, an Israels Politik Kritik zu üben, muss in aller Klarheit gesagt werden: Gerade weil wir in unserer eigenen Geschichte voll Schuld, Gewalt und Leid erfahren haben, wozu Menschen fähig sind, stehen wir in einer besonderen Verantwortung, gegen Gewalt vorzugehen. Wer den Holocaust als Gegenargument gegen einen Einsatz Deutschland für Frieden und gegen Gewalt benutzt, instrumentalisiert diese Katastrophe der Shoah für heutige politische Zwecke.

Hinduismus

Die Gewaltgeschichte des Christentum und des Islam, selbst des Judentums, ist nicht zu bestreiten und hinterlässt Erschütterung. Doch wie sieht es mit den östlichen Religionen aus, mit denen aus dem indischen Raum? Sind Hinduismus und Buddhismus nicht gute Beispiel für gewaltfreie Religiosität? Steht die herausragende hinduistische Gestalt des 20. Jahrhunderts, der Inder Mahatma (= »Große Seele«) Gandhi (eigentlich Mohandas Karamchand Gandhi, 1869–1948), nicht für Gewaltlosigkeit (sanskrit: *ahimsa*), für übergreifende Toleranz und damit für Frieden? Ist nicht gerade der Buddhismus von seinem inneren Anspruch her und auch von seiner Geschichte eine zutiefst gewaltlose Religion? So scheint es auf den ersten Blick, doch schauen wir – wenn auch kurz – genauer hin:

Der 1947 nach fast hundertjähriger Kolonialherrschaft Großbritanniens gegründete Staat Indien (parallel dazu Pakistan) ist lange von religiös neutralen Parteien (vor allem von der Kongresspartei »Indischer Nationalkongress – INC«) dominiert worden. Die 1950 beschlossene Verfassung Indiens, die bis heute gültig ist, versteht Indien als »souveräne, sozialistische, säkulare und demokratische Republik«, die soziale Gerechtigkeit, individuelle Freiheit (auch des religiösen Bekenntnisses und der Religionsausübung) und Gleichberechtigung aller Bürger (auch – und das war damals in Indien neu – der Kastenlosen und indigenen Adivasis) zusagte. Die Gleichheit aller Bürger unabhängig von Religion, Rasse, Kaste, Geschlecht ist in der indischen Verfassung in westlichen Verfassungen vergleichbarer Weise festgeschrieben.

Seit 2014 jedoch ist die 1980 gegründete BJP an der Macht, die *Bharatiya Janata Party* (= »Indische Volkspartei«) unter Ministerpräsident Narendra Modi (*1950 im Bundesstaat Gujarat, wo er von 2011–2014 Ministerpräsident war). Die BJP ist eine nationalreligiöse Partei, die sich auf die hinduistische Religion beruft. Innerhalb dieser Partei gibt es immer lauter die Rufe nach einer *Hindutva*, einer Ausrichtung Indiens allein nach hinduistisch-religiösen Grundsätzen: »Indien allein den Hindus!« Das Ziel einer einheitlichen Hindu-Nation muss politisch vorangetrieben werden – dies wendet sich gegen einen säkularen Staat, der allen Religionen Religionsfreiheit gewährt. Die BJP steht mit extremen hinduistischen Gruppierungen in Verbindung, die eine solche innerindische Wende notfalls auch mit Gewalt durchsetzen wollen.

Durch den politischen Erfolg der BJP (die mitgliederstärkste politische Partei der Welt mit ca. 150 Millionen Mitglliedern), die mit absoluter Mehrheit regieren kann, und durch hindunationalistische Gruppierungen ergibt sich zunehmend ein politischer, religiöser und sozialpolitischer Fundamentalismus in Indien. Dieser ist in der Schärfe seiner Argumentation und in seinem Handeln (etwa die Unruhen in Gujarat 2001) durchaus islamistischen Gruppierungen im Vorderen Orient oder auch den ultraorthodoxen jüdischen Gruppen in Israel vergleichbar.

Das Ganze wird auf dem Hintergrund der indischen Geschichte zum Sprengstoff. Seit dem 11. Jahrhundert und verstärkt ab der Mogul-Zeit (ab 1526 vor allem in Nord- und Mittelindien mit Lahore [heute in Pakistan an der Grenze zu Indien], Dehli und Agra als Zentren) gab es vor allem in Nordindien eine muslimische Herrscherschicht, die über die weiterhin hinduistischen unteren Schichten herrschte. Muslime führten Politik, Militär und Handel an, Hindus waren Bauern und Handwerker.

Die muslimischen Herrscher (vor allem Kaiser Aurangzeb, 1618–1707, ein fanatischer Muslim, vgl. Seite 149ff.) wirkten oft in unheilvoller Weise. Sie zerstörten eine große Zahl von bedeutenden und alten Hindu-Tempeln und hinduistische Traditionen. An solchen Orten bauten sie dann über den heiligen hinduistischen Stätten prächtige Moscheen. Dies war bei der Ausbreitung der Hochreligionen eine verbreitete Praxis – ähnlich handelten die Christen, als sie über den Heiligtümern der vorchristlichen Religionen ihre Kirchen erbauten: Das beste Beispiel und durch die Grundmauern noch heute sichtbar ist der Sonnentempel der Inkas und darüber die Kirche San Domingo in Cusco, Peru.

In Indien wurde die muslimische Herrschaft im 19. Jahrhundert von der Kolonialmacht England abgelöst (Untergang der Mogul-Herrschaft nominell 1858, in der Praxis in weiten Teilen schon früher). Nach den aus dem Ausland (Afghanistan, Usbekistan) kommenden muslimischen Herschern folgten – aus hinduistischer Sicht – christliche Herrscher, die ebenso als Nichthindus das Land und das hinduistische Volk in vergleichbarer Weise unterdrückten und ausbeuteten.

An vielen Stellen in Nordindien hört man immer wieder den Vorwurf: Wo jetzt die Moschee ist, war früher ein Tempel. Dies ist etwa im nordindischen Mathura so, wo der Hindugott Krishna in einer Höhle geboren sein soll. Hindus hatten bereits in alter

Zeit neben dieser Geburtshöhle einen Tempel gebaut. Der Mogul-Kaiser Aurangzeb ließ diesen Tempel niederreißen; die Höhle blieb unzerstört und wird heute nach wie vor von hinduistischen Pilgern besucht. Anstelle des Tempels erhebt sich seit Aurangzeb eine elegante dreikupplige Moschee; daneben haben Hindus einen riesigen neuen Tempel gebaut. Das Vorgehen Aurangzebs ist etwa so, als hätten die Muslime in Betlehem die Geburtskirche abgerissen und eine Moschee an diese Stelle gebaut. Heute werden die Geburtshöhle, der neue Tempel und die Moschee von einem großen Aufgebot von Soldaten bewacht. Es ist einer der spannungsreichsten Orte in Indien, wo jederzeit große Unruhen zwischen Hindus und Muslimen entstehen können, ja selbst ein Bürgerkrieg zwischen den über eine Milliarde Hindus und den 200 Millionen Muslimen kann keineswegs ausgeschlossen werden. Und Pakistan, wie Indien Atommacht, versteht sich als Schutzmacht auch der in Indien lebenden Muslime. Umgekehrt gibt es in Indien nach dem Attentat auf das Mumbaier Großhotel Taj Mahal am 26. November 2008 mit mindestens 174 Toten und weiteren Anschlägen eine berechtigte Angst vor muslimischem Terror – ein Spirale der Gewalt zwischen Anhängern verschiedener Religionen, wie sie auch in anderen Ländern sichtbar ist.

Ein anderes Beispiel für Gewalt und die Gefahr einer nicht mehr zu beherrschenden Eskalation ist die nordindische Stadt Ayodhya (ca. 200 km nördlich von Varanasi), dies ist einer der für das Verhältnis von Hindus und Muslimen gefährlichsten Orte in Indien: Der König Rama, die siebte Avatara (Erscheinungsweise) des Gottes Vishnu, soll in mythischer Zeit vor 900 000 Jahren in dieser Stadt geboren worden sein. Im 12. Jahrhundert n. Chr. errichteten fromme Hindus ihm dort einen gewaltigen Tempel; große Pilgergruppen aus dem ganzen Land kamen in der Folge zu dieser heiligen Stätte. Massen von Pilgern kommen noch heute, manchmal bis zu einer Million, emotional aufgebracht, in ekstatischen Tänzen, aufgeputscht von ihrem Glauben.

Doch der hinduistische Ram-Tempel wurde 1528, am Anfang der muslimischen Mogul-Dynastie, durch den ersten Mogul-Kaiser Babur zerstört und statt dessen wurde eine große Moschee gebaut, dic Babri-Moschee. Nun kamen sowohl hinduistische wie muslimische Pilger in die Stadt – heftige Auseinandersetzungen waren die Folge. Während der muslimischen Mogulherrschaft wurden die Auseinandersetzungen brutal unterdrückt, während der englischen Kolonialzeit dadurch eingegrenzt, dass die Muslime in der Moschee beten durften, die Hindus aber im Innenhof.

Doch Fundamentalisten beider Seiten schürten unmittelbar nach der Unabhängigkeit Indiens den Streit neu: Die Muslime sahen die Einheit Gottes gefährdet, wenn im Hof ihrer Moschee Hindus zu ihrem Götzen Rama beteten. Die Hindus wiederum erstürmten am 22. Dezember 1949 die Babri-Moschee und stellten ein Standbild Ramas und seiner Gattin Sita darin auf. Dies war noch die Zeit des säkularen indischen Staates. So traf das Oberste Gericht des Landes die Entscheidung, dass nunmehr beide Gruppen das gesamte Gelände nicht mehr nutzen durften.

Am 6. Dezember 1992 kamen zu Ramas Geburtstag wiederum riesige hinduistische Pilgerscharen in die Stadt. Die Massen stürmten das Gelände und zerstörten die Moschee bis auf den letzten Stein – ihr Ziel: ein Neubau des Ram-Tempels. In ganz Nordindien brachen Unruhen aus, mehr als 3 000 Tote waren das Ergebnis. Im Jahr 2001 wurde im westindischen Staat Gujarat ein Zug mit Pilgern, die nach Ayodhya wollten, von radikalen Muslimen gestürmt und in Brand gesetzt, 54 Hindus starben, weitere Unruhen waren die Folge. Zu dieser Zeit war Nahendra Modi Chef-Minister des Bundesstaates Gujarat, der heutige Ministerpräsident von ganz Indien. Er hielt die Polizei zurück, sodass ein aufgebrachter Hindu-Mob Muslime massakrieren konnte. Das ehemalige Tempel-Moschee-Areal in Ayodhya übrigens ist inzwischen von einem festungsähnlichen Stahlzaun umgeben, darin nur verwildertes Land. Die Attentäter von Mumbai im Jahr 2008 allerdings gaben an, aus Rache für die Zerstörung der Babri-Moschee gehandelt zu haben.

Religiös geprägte Gewalt von Muslimen und religiös geprägte Gewalt von Hindus in einer nicht endenden Spirale – dies ist eine erschreckende Perspektive für ein Land, das sowieso mit einer Fülle von wirtschaftlichen und gesellschaftlichen Problemen zu kämpfen hat.

Hindus – so zeigen die Beispiele von Mathura und Ayodhya und es gibt eine Vielzahl weiterer Beispiele – sind keineswegs die friedliche Religion, wie wir sie durch Mahatma Gandhi kennen. Auch der Hinduismus birgt ein Gewaltpotential in sich, das deshalb so extrem gefährlich ist, weil sich mit Indien und Pakistan zwei Atommächte gegenüberstehen und innerhalb Indiens die hinduistische und muslimische Bevölkerung in den Städten stark vermischt ist.

Zu nennen ist im indischen Raum allerdings die vergleichsweise kleine Religion des Jainismus, die sich betont als friedlich gibt. Was aber ist mit dem – zur gleichen Zeit wie der Jainismus entstandenen – Buddhismus?

Buddhismus

Und der Buddhismus – ist dies die friedvolle Religion, so wie sie häufig verstanden wird? Der lächelnde Dalai Lama (eigentlich Tenzin Gyatso, *1935 in Osttibet) scheint ein Sinnbild für die Gewaltlosigkeit und Friedfertigkeit des Buddhismus zu sein – er hat heute eine ähnlich hohe Anerkennung in der gesamten Welt (mit Ausnahme Chinas) wie der Hindu Mahatma Gandhi und ist zudem Friedensnobelpreisträger des Jahres 1989. Beeindruckend, wie dieser 14. Dalai Lama in Reden und Publikationen immer wieder zu Frieden, Gewaltlosigkeit, Toleranz und einem Miteinander der Religionen aufruft (»Das Herz aller Religionen ist eins«).

Es ist nicht zu bestreiten: Von seiner Botschaft und seiner Geschichte her ist dem Buddhismus eine grundsätzliche Friedfertigkeit und Toleranz mit auf den Weg gegeben. Ganz sicher auch, dass große Gestalten des Buddhismus wesentlich zum Frieden in der Welt beigetragen haben – der bedeutendste unter ihnen war wohl der indische Kaiser Ashoka (304–232 v. Chr.). Als einflussreichster Herrscher der Maurya-Dynastie eroberte er weite Teile Nordindiens. Als er im Osten (heutiger Bundesstaat Odisha) das Reich der Kalingas eroberte, kam es zu einer riesigen Schlacht mit über 100 000 Toten – für damalige Zeiten ein unvorstellbares Blutbad.

Angesichts dieses Schreckens aber bekehrte sich Ashoka und konvertierte zum Buddhismus. Er stellte alle Kampfhandlungen ein und ließ überall im Reich auf Edikt-Säulen (sogenannten Ashoka-Säulen) seinen Untertanen verkünden, dass sie künftig nach dem Willen des Kaisers von jeder Gewalt Abstand nehmen sollten. Eine Wende zum Frieden durch den Buddhismus – doch trifft dies immer zu?

Als Gegenbeispiel kann Sri Lanka (sanskrit = »Ehrenvolle Insel«) dienen: Von 1984 bis 2009 tobte in Sri Lanka ein Bürgerkrieg vor allem zwischen der singhalesischen Mehrheitsbevölkerung und der Minderheit der Tamilen; Singhalesen sind weithin Buddhisten, Tamilen weithin Hindus.

Doch innerhalb dieses hier nicht näher zu erläuternden Großkonfliktes gab es seit den 1990er-Jahren einen weiteren, bei dem zunehmend radikalisierte Buddhisten ein ausschließlich buddhistisches Land Sri Lanka forderten und in den singhalesischen Gebieten Attentate verübten. Auch buddhistische Mönche waren an diesem Ausbruch der Gewalt beteiligt, die sich zum einen gegen die (buddhistische) Regierung Sri Lankas richtete, zum anderen aber auch gegen Anhänger anderer Religionen wie Hinduismus, Christentum und Islam – religiöse Gewalt im Buddhismus.

Ein anderes, aktuelles Beispiel ist Myanmar (früher Burma, Birma): Im Nordwesten Myanmars leben viele muslimische Bewohner; nach Regierungsangaben sind dies bengalische Flüchtlinge aus Bangladesch. Nach eigenen Angaben bezeichnet sich diese Volksgruppe mit mehreren Millionen Menschen jedoch als eigene Ethnie in dem Vielvölkerstaat Myanmar mit seinen insgesamt 135 Ethnien. Sie nennen sich Rohingyas und sprechen eine Art Bengali. Die Rohingyas werden von der Regierung von Myanmar nicht als Völkergruppe des Staates anerkannt und gelten als staatenlos, was sogar durch ein Gesetz von 1982 bestätigt wurde. Auch werden sie als illegale Einwanderer bezeichnet, obwohl sie bereits seit etwa tausend Jahren im Gebiet der Provinz Rakhine leben. Schon seit 1948, dem Jahr der Unabhängigkeit Myanmars, hat es hier Unruhen zwischen den muslimischen und buddhistischen Bevölkerungsteilen gegeben, die sich 2014 zuspitzten. Es gab und gibt nun

Massaker von Buddhisten an Muslimen, und auch hier beteiligen sich – nicht alle, aber zumindest einige – buddhistische Mönche an der Spirale der Gewalt.

Weitere Beispiele könnten genannt werden, etwa im Blick auf die Mönchssoldaten der tibetischen Geschichte, auch im Blick auf extreme buddhistische Grupppen in Japan. Auch im Buddhismus ist – trotz aller Friedfertigkeit seiner Lehre und der meisten Buddhisten, gleich welcher Schule sie angehören – eine umfassende Zähmung der im Menschen angelegten Gewalt nicht gelungen. Allerdings muss man anerkennen, dass es eine solch umfassende Gewaltgeschichte wie die der drei vorderorientalischen Religionen in den verschiedenen Richtungen des Buddhismus bei Weitem nicht gibt.

Gewalt finden wir also überall in den Weltreligionen: eine Kriminalgeschichte – auf jeweils unterschiedliche Weise – von Christentum, Islam und Judentum, durchaus in anderer Form im Hinduismus und in geringerem Maß auch im Buddhismus. Man könnte weitere Religionen untersuchen, etwa den japanischen Shinto, und würde ein ähnliches Ergebnis finden. Muss man angesichts des Gewaltpotentials der Religionen nicht verzweifeln? Muss man nicht wie Elton John sagen: »Religionen gehören abgeschafft, weil sie nur Unheil bringen«? Weil sie Gewalt erzeugen? Weil sie Unfrieden, Konfliktherde, sogar Krieg in die Welt bringen?

Nein und ganz deutlich und überzeugend nein. Denn das alles ist nur die eine Seite der Religionen. Es gibt auch die andere Seite:

Von der Realität der Liebe in den Religionen

Wenn die Realität beachtet wird, stoßen wir auf vielfache Gewalt in den Religionen. Aber wir stoßen ebenso, und durchaus tiefer und umfassender, auf Liebe und Frieden, Hoffnung und Neubeginn,

Versöhnung und Solidarität, Hilfsbereitschaft und Gemeinschaft. Es gibt die Kriminalgeschichte des Christentums, des Islam, des Judentums, zudem des Hinduismus und des Buddhismus. Es gibt aber ebenso und stärker die Liebesgeschichte, die Barmherzigkeitsgeschichte, die Hilfegeschichte von Christentum, Islam und Judentum sowie des Hinduismus und Buddhismus. Schauen wir also in einer differenzierteren Sicht auf die Religionen:

Als Einstiegsbeispiele sollen zwei Heilige dienen: die heilige Elisabeth von Thüringen (1207–1231) und der heilige Vinzenz von Paul (1581–1660):

Elisabeth (hebräisch = »mein Gott ist Fülle«) *von Thüringen* ist die große deutsche Heilige des 13. Jahrhunderts, eine eigenwillige und starke Frau. Die Tochter des ungarischen Königs wurde bereits mit vierzehn Jahren Gattin von Graf Ludwig, der auf der Wartburg bei Eisenach residierte. Als junge Fürstin wandte sie sich gegen die Hofetikette und den Luxus am Hof und begann bereits früh mit vielen Werken der Nächstenliebe, von denen zahlreiche Legenden (Rosenwunder, Pflege des Aussätzigen ...) erzählen. Dabei setzte sie sich persönlich ein, stieg von der Wartburg hinab zu den Armen und leistete Kranken und Bedürftigen tatkräftige Hilfe. Dies wurde von der Familie ihres Mannes nicht hingenommen: »Verschleuderung von Familienvermögen«. Elisabeth konnte sich aber während der Lebenszeit von Ludwig gegen alle Angriffe zur Wehr setzen und prangerte ihrerseits die Verschwendungssucht am Hof an. Ihre eigentliche Bewährungsprobe begann aber erst nach dem frühen Tod ihres Mannes (1227 auf einem Kreuzzug), als sie mit ihren drei Kindern aus der Wartburg vertrieben wurde. Als 20-Jährige gründete sie in Marburg ein Krankenhaus für diejenigen, um die sich keiner kümmerte. Um diesen Ärmsten ihr ganzes Leben zu widmen, trennte sie sich auch von ihren Kindern und schloss sich dem Franziskanerorden an. Im Geist der Armut und des Dienstes – nach dem Vorbild von Franz von Assisi (1181–1226) – pflegte die Fürstin die Kranken. Sie starb 1231 im Alter von nur 24 Jahren und wurde in Marburg begraben. Schon bald nach ihrem Tod wurde sie als die große Heilige der Nächstenliebe und als Patronin der Caritas verehrt.

Vinzenz von Paul (eigentlich Vincent Depaul) wurde 1581 in einem kleinen Pyrenäendorf geboren und bereits als 19-Jähriger zum Priester geweiht. Danach hielt er sich eine Zeit lang in Rom auf, soll auch eine mehrjährige Gefangenschaft als Sklave von nordafrikanischen Seeräubern hinter sich gebracht haben und kam 1608 nach Paris. Dort arbeitete er bei einem General als Hausgeistlicher. In dieser Zeit richtete er sein Leben neu aus und legte 1617 das Gelübde ab, sich nur noch dem Dienst an den Armen zu widmen. Als Pfarrer des Städtchens Châtillon-Les-Dombes begann er zu sozialen Fragen zu predigen und die Bevölkerung zu konkreten Hilfsmaßnahmen für Notleidende aufzurufen. Dies führte zur Gründung eines Vereins, zum Beginn von Caritasvereinigungen im ganzen Land, die sich um die Pflege von Kranken und die Versorgung von Waisenkindern und Obdachlosen kümmerten. In Deutschland wurden später aus solchen Gruppen die Elisabeth-Konferenzen. Vinzenz warb unermüdlich für dieses Hilfswerk, gründete bereits 1617 eine Gemeinschaft von Laienschwestern, bald auch eine Gemeinschaft von Laienbrüdern im sozialen Einsatz. Zusätzlich zu diesen Laiengemeinschaften gehen zwei Ordensgründungen auf Vinzenz von Paul zurück. Die Schwestern der Vinzentinerinnen (»Barmherzige Schwestern«) leben ohne Klausur und Ordenstracht und sind in vielen Feldern der Sozialarbeit tätig. Die Priester des Lazaristenordens (Vinzentiner) bemühen sich um die Verkündigung des Evangeliums. Als es in der Mitte des 17. Jahrhunderts in Paris zu blutigen Unruhen kam, richteten Vinzenz und seine Mitarbeiter Volksküchen ein, die viele Menschen versorgten. Vinzenz starb 1660 hoch verehrt als Gründer der französischen Caritasvereinigungen.

Zwei beispielhafte Gestalten, die, in ihrer Zeit verwurzelt, über ihre Zeit hinaus Impulse gaben, dem Leben von Menschen aufzuhelfen durch mehr Gerechtigkeit und Liebe; Gestalten der Mitmenschlichkeit und Nächstenliebe wie etwa auch Mutter Teresa (Agnes Bojaxhiu, 1910–1997). In allen behandelten Religionen lässt sich eine Fülle solcher herausragender Persönlichkeiten aufzeigen, die die Behauptung »Religionen schaffen nur Gewalt« ad absurdum führen. Wie sieht es in der Botschaft der Religionen aus?

Für das *Judentum* und die Hebräische Bibel der Juden gilt eine un-
lösbare Verschränkung der beiden Hauptgebote der Gottes- und
Nächstenliebe. Dies ist bereits in der Gesetzgebung vom Sinai ersichtlich, wo im Zehnwort (Dekalog – Zehn Gebote) die beiden
Tafeln mit den auf Gott bezogenen und auf das menschliche Zusammenleben bezogenen Tafeln gleichwertig nebeneinander stehen und sich gegenseitig ergänzen. Das wird in der Ausführung
der Gebote in der Tora deutlich, wo die Liebe Gottes zu den Menschen im Vordergrund steht, der sich in Erbarmen den Menschen,
besondern seinem auserwählten Volk Israel, zuwendet und sie
aus der Not und Unterdrückung befreit. Diese Liebe Gottes aber
fordert den Menschen zu einer Antwort in doppelter Weise heraus: Gottesliebe und Nächstenliebe. »Höre, Israel! Jahwe, unser
Gott, Jahwe ist einzig. Darum sollst du den Herrn, deinen Gott,
lieben mit ganzem Herzen, mit ganzer Seele und mit ganzer Kraft.«
(Deuteronomium 6,4–5) »Du sollst in deinem Herzen keinen Hass
gegen deinen Bruder tragen ... Du sollst deinen Nächsten lieben
wie dich selbst. Ich bin der Herr.« (Levitikus 19,17–18) Besonders
die Propheten greifen diese Verbindung von Gottes- und Nächstenliebe auf; in herausragender Weise tun dies Hosea, Amos und
Micha. Dass Gottesverehrung und soziale Gerechtigkeit aneinan-
der gebunden sind, gehört vor allem seit dem Propheten Amos, der
um 760 v. Chr. am Nationalheiligtum Bet-El im Nordreich Israel
wirkte, zum Grundbestand jüdischen Glaubens. Obwohl es – wie
aufgezeigt – auch Verse der Hebräischen Bibel gibt, die von Gewalt
sprechen, die Hauptlinie, der Grundtenor, das Fundament der jüdischen Bibel ist eindeutig und nicht zu bestreiten: Es ist die von
Israel in seiner Geschichte immer wieder erfahrene Gottesliebe, die
das Volk dann zu einer Antwort von sozialer Gerechtigkeit, von
Verantwortung für den Nächsten und von Liebe ermuntert. Die
Hebräische Bibel ist – bei aller Differenzierung und Einschränkung – ein Buch, das Frieden und Gewaltlosigkeit, zudem eine har-
monische Beziehung zwischen Gott und den Menschen und unter
den Menschen propagiert – der hebräische Begriff des Schalom
beinhaltet dies.

Das *Christentum* baut auf dieser Linie des Judentums auf. Jesus bezieht sich ausdrücklich auf die Intentionen der alttestamentlichen Prophetie und zitiert teilweise wörtlich aus der Hebräischen Bibel, um sein Evangelium von der Liebe Gottes und von der daraus als Konsequenz folgenden Liebe der Menschen untereinander zu verankern:»Ein Schriftgelehrter fragte: ›Welches Gebot ist das erste von allen?‹ Jesus antwortete: ›Das erste ist: Höre, Israel, der Herr, unser Gott, ist der einzige Herr. Darum sollst du den Herrn, deinen Gott, lieben mit ganzem Herzen und ganzer Seele, mit all deinen Gedanken und all deiner Kraft. Als zweites kommt hinzu: Du sollst deinen Nächsten lieben wie dich selbst. Kein anderes Gebot ist größer als diese beiden.‹« (Markus 12,28–31) In den Apostelbriefen des Neuen Testaments entspricht dem das sogenannte neutestamentliche Hohelied der Liebe des Apostel Paulus, das wie folgt schließt: »Für jetzt bleiben Glauben, Hoffnung, Liebe, diese drei; doch am größten unter ihnen ist die Liebe.« (1 Korinther 13,13) Die gegenseitige Liebe, die zu gerechtem Ausgleich aller führt, ist auch das Kennzeichen der ersten christlichen Gemeinde, der Urgemeinde in Jerusalem, wie es Lukas in seiner – im Rückblick idealisierten – Apostelgeschichte darstellt (vgl. dort 2,43–47 und 4,32–37). Anders als Mose, die Gründungsgestalt des Volkes Israel, ist Jesus von Nazaret zudem zutiefst von Gewaltlosigkeit geprägt. Christen bekennen Jesus als »Schalom Gottes«, als denjenigen, der Gottes Frieden neu auf der Erde verwirklicht. Dies wird bereits in der Prophezeiung deutlich, die die Engel in der lukanischen Geburtslegende aussprechen: »Verherrlicht ist Gott in der Höhe, und auf Erden ist Frieden bei den Menschen seiner Gnade.« (Lukas 2,14) Frieden, Schalom ist dabei mehr als nur die Abwesenheit von Krieg und Gewalt. Frieden meint umfassendes Heil aller, soziale Gerechtigkeit, den Ausgleich von Reichen und Armen, die Überwindung von Ausbeutung und Unterdrückung in jeder Form, das Ende jeder Menschenrechtsverletzung und von menschenunwürdigen Lebensbedingungen. All das klingt im Reden und Handeln Jesu an, all dies ist von Jesus her auch Auftrag an diejenigen, die sich an ihn binden und sich nach ihm Christen nennen. Die Botschaft des Neuen Testaments ist eindeutig und Christen haben sie – über zweitausend Jahre hinweg – trotz allen unbegreiflichen Versagens immer wieder neu als Maßstab ihres Handelns genommen.

In der Pastoralkonstitution »Die Kirche in der Welt von heute« des Zweiten Vatikanischen Konzils (1961–1965) wird ausdrücklich zur Problematik von Krieg und Frieden, von Gewalt und der Botschaft des Evangeliums Bezug genommen; es heißt dort:

- »Der Friede besteht nicht darin, dass kein Krieg ist, er lässt sich auch nicht bloß durch das Gleichgewicht entgegengesetzter Kräfte sichern; er entspringt ferner nicht dem Machtgebot eines Starken; er heißt vielmehr ... ›ein Werk der Gerechtigkeit‹ (Jesaja 32,17) ... Darum ist der Friede niemals endgültiger Besitz, sondern immer wieder neu zu erfüllende Aufgabe ...« (Artikel 78).

- »Das Konzil möchte an die bleibende Geltung des natürlichen Völkerrechts erinnern ... Handlungen, die in bewusstem Widerspruch zu ihnen stehen, sind Verbrechen; ebenso Befehle, die solche Handlungen anordnen ... Zu diesen Handlungen muss man an erster Stelle rechnen: ein ganzes Volk, eine Nation oder eine völkische Minderheit ... auszurotten ...« (Artikel 79).

Das Konzil fordert eine rechtliche Möglichkeit, den Wehrdienst aus Gewissensgründen zu verweigern. Es gibt das Recht auf eine sittlich erlaubte Verteidigung. Dies darf aber nicht zu einer Unterjochung anderer Nationen führen (Artikel 79). In schärfster Form wendet sich das Konzil gegen den Einsatz sogenannter »wissenschaftlicher Waffen« (= A-B-C-Waffen). Es verweist auf die Enzyklika von Papst Johannes XXIII. *Pacem in terris*: »Darum ist es in unserer Zeit, die sich des Besitzes der Atomkraft rühmt, sinnlos, den Krieg als geeignetes Mittel zur Wiederherstellung verletzter Rechte zu betrachten.« Das Konzil folgert daraus:

- »Jede Kriegshandlung, die auf die Vernichtung ganzer Städte oder weiter Gebiete und ihrer Bevölkerung unterschiedslos abstellt, ist ein Verbrechen gegen Gott und gegen den Menschen, das entschieden zu verwerfen ist.« (Artikel 80)
- »Der Rüstungswettlauf ist kein sicherer Weg, den Frieden zu sichern ... Er ist eine der schrecklichsten Wunden der Menschheit, er schädigt unerträglich die Armen.« (Artikel 81)

Das Konzil fordert dazu auf, »eine Zeit vorzubereiten, in der jeglicher Krieg absolut geächtet werden kann«. Das aber erfordert eine »von allen anerkannte Weltautorität«.

Der *Islam* kennt als eine seiner fünf »Säulen des Islam« das Gebot der sozialen Abgabe. Diese Aufforderung zur Pflichtabgabe für die Armen *(zakat)* ist im Koran mit der Aufforderung zum regelmäßigen Gebet verknüpft: Die Beziehung zu Gott ist nicht lösbar von den Beziehungen zur menschlichen Gemeinschaft. Aus der Bindung an Gott und seinen Willen ergibt sich die Verantwortung für den anderen und dabei besonders für die Armen am Rand der Gesellschaft, die nicht in ausreichendem Maß für sich selbst sorgen können. Dies betrifft vor allem Witwen und Waisen (bei den vielen kriegerischen Auseinandersetzungen zur Zeit Mohammeds ein erhebliches gesellschaftliches Problem), aber auch Fremde und Flüchtlinge.

Die Pflichtabgabe ist im Islam nicht einfach ein freiwilliges Almosen für Arme (*sadaqa*, dieses soll zusätzlich zum Zakat gegeben werden). Zakat meint vielmehr eine für alle Muslime verpflichtende Abgabe, durch die ein sozialer Ausgleich geschaffen wird, sodass auch in Not geratene, kranke und behinderte Menschen das Nötigste zum Leben erhalten. Außerdem wird der Zakat zur Versorgung von Durchreisenden und Pilgern eingesetzt und ebenso zur Finanzierung der islamischen Mission:

»Wahrlich, die Almosen sind für die Armen und Bedürftigen nur, und für die, die dafür arbeiten [die Verwalter des Zakat], und die, deren Herzen vertraut gemacht werden [für die, die zum Islam bekehrt werden sollen], für die Sklaven und für die Verschuldeten, die auf dem Weg Gottes und für den Reisenden [etwa auf dem Hadsch], eine Pflicht von Gott.« (Sure 9,60)

Der Koran ruft in fast allen Suren ständig zum Bekenntnis des einen und einzigen Gottes auf; »Islam als Gottergebenheit« ist die koranische Grundforderung an den Menschen. Doch hinzu kommt die andere Seite: Gottes- und Nächstenliebe gehören zusammen, der Glaube und die guten Werke korrelieren miteinander und ergänzen einander. Deshalb gibt es auch folgende Aussage:

»Nicht ist Frömmigkeit, wenn ihr euer Angesicht wendet nach Osten oder Westen. Vielmehr ist Frömmigkeit, dass man an Gott glaubt, den Jüngsten Tag, die Engel, die Schrift und die Propheten, dass man das Geld – obwohl man es liebt – für den Verwandten, den Waisen, den Armen, den Reisenden, den Bettler und für die Sklaven hergibt, dass man das Gebet verrichtet und entrichtet die Armenspende.« (Sure 2,177)

Bei wahrer Frömmigkeit also geht es nach dem Koran nicht um traditionelle Rituale (»das Gesicht [nach Mekka] wenden«), sondern um eine Ausrichtung auf Gott und auf den notleidenden Menschen. Es geht darum, sich sowohl für Gott als auch für die Armen einzusetzen, das Gebet und die Armenspende zu verrichten. Das aber ist letztlich ein Werk des Friedens und der Gewaltlosigkeit, ein Werk, das zu einem gelingenden Zusammenleben von Menschen beiträgt.

Der *Hinduismus* stellt uns mit Mahatma Gandhi (vgl. Seite 53) ein herausragendes Beispiel von Gewaltlosigkeit und Friedfertigkeit vor. Doch sein absolut gewaltloses Verhalten, das sein Engagement gegen die Fremdherrschaft der Kolonialmacht England und gegen die innerindischen Konflikte (etwa im Zusammenhang mit den Kastenlosen) ergänzt, ist in der indisch-hinduistischen Tradition begründet. Gandhi hat auch die Bergpredigt Jesu im Neuen Testament gelesen, aber er kann vor allem auf die hinduistischen Begriffe der *Satyagraha* (sanskrit »Gütekraft«, in dieser Zusammensetzung von Gandhi geformt) und der *Ahimsa* (sanskrit »Nicht-verletzen«) zurückgreifen. Satya ist der Begriff für Wahrheit und Graha meint »an etwas mit Kraft festhalten«. Gandhi führt dazu an: »Die Grundbedeutung von Gewaltfreiheit ist Festhalten an der Wahrheit, Kraft der Wahrheit (Satyagraha). Bei der Anwendung von Gewaltfreiheit entdeckte ich schon sehr früh, dass die Wahrheitssuche es nicht erlaubt, dem Gegner Gewalt anzutun. Er muss vielmehr durch Geduld und Mitgefühl von seinem Irrtum abgebracht werden.« Ahimsa, das Gebot des Nichtverletzens (das in gleicher Weise vom Buddhismus und Jainismus übernommen wurde, in letzterer Religion sogar in umfassendem und sehr strengem Maß), steht in

Verbindung mit dem Karma-Begriff der drei indischen Religionen: Wer die Befreiung aus dem Leidenskreislauf erreichen will, muss sich mühen, jegliches schlechtes Karma zu verhindern, dazu zählt die Gewalt gegen andere. Der Gläubige muss sich bemühen, statt Gewalt Werke des Guten zu tun, um gutes Karma und damit eine bessere Wiedergeburt beziehungsweise einen Weg aus dem Leidenskreislauf hin zur Erlösung/Befreiung (hinduistisch *moksha*, buddhistisch *nirvana*) zu erlangen.

Ahimsa ist im Hinduismus seit der frühesten, der vedischen Zeit gefordert. Doch obwohl die Upanishaden Gewaltlosigkeit gegenüber allen Lebewesen (also auch Tieren) forderten, galt dieses Gebot nicht für die vedischen Opferplätze, an denen Tieropfer nach wie vor üblich waren. Erst in der hinduistischen Reform des 7. und 8. Jahrhunderts nach Christus, als sich auch das Gottesbild veränderte, setzte sich die Forderung nach Ahimsa durch – die Praxis blieb und bleibt in Indien allerdings durchaus gewalttätig: zwischen Menschen, in Bezug auf Tiere (mit Ausnahme der Heiligen Kuh) und in einer naturzerstörerischen Gewalt. Doch was den Fleischkonsum und damit das Schlachten von Tieren angeht: Mehr als die Hälfte der Inder sind Vegetarier, es gibt Städte und Regionen (wie etwa der Pilgerort Haridwar), in denen es keinerlei Fleischkonsum gibt. Allerdings bedeutet Ahimsa keinen Verzicht auf Selbstverteidigung – der Krieg gehört nach indischem Denken zur letztlich unveränderbaren Lebenswirklichkeit von Menschen dazu (vgl. die entsprechenden Verse in der Baghavadgita, wo der Gott Krishna, der achte Avatara von Vishnu, dem Fürsten Arjuna verdeutlicht, dass es sein Dharma, seine Lebensaufgabe ist, als Krieger in den Kampf zu ziehen).

Der *Buddhismus* baut auf dem hinduistischen Verständnis von Karma und Ahimsa auf. Die buddhistische Lehre gebietet in der dritten Edlen Wahrheit, sich jeder Lebensgier zu enthalten, die als Ursprung von Hass und Verblendung, damit auch von jeglicher Gewalt in der Welt, verstanden wird. Durch den achtfachen Weg kann der Gläubige die Lebensgier zurückdrängen und damit einen Weg zur Befreiung vom Leid und hin zum Nirvana beschreiten.

Dies wird in den fünf buddhistischen Geboten für Laien und Mönche in aller Deutlichkeit gefordert – der Buddhist müht sich um »Nicht-Verletzten, Nicht-Töten«. Der vierte der acht Pfade hin zu einem der buddhistischen Lehre (Dharma) gemäßen Leben ist das »rechte Handeln«. Dazu heißt es in den Reden des Buddha: »Wer ein Jünger des Buddha sein will, der muss sich von allem Töten fernhalten, der muss abstehen vom Verletzen und Schädigen. Er muss Leben schonen und bemüht sein um die Haltung des Mitleids gegenüber allen Wesen, muss Freundlichkeit pflegen und Mitfreude. Nicht schroff und verletzend, nicht unfreundlich und von Hass erfüllt, sondern durchstrahlt von Güte und Mitleid muss ein Jünger des Buddha sein.« Wo sich so der Einzelne aufgrund der Vier Edlen Wahrheiten und des Achtfachen Pfades wandelt, wird in buddhistischer Sicht auch die Welt gewandelt, werden Unfrieden, Hass, Gewalt und Krieg zurückgedrängt. Im Buddhismus fehlt der Bezug zu einem als persönlich verstandenen Gott – wie im Judentum, Christentum und Islam –, der den Menschen nach seinem Tod zur Rechenschaft zieht. Jeder Mensch ist alleine für sich verantwortlich und jeder kann auch nur aus eigener Kraft heraus einen Weg zu einem besseren Karma, zu einer Befreiung vom Leid, zum Nirvana beschreiten.

Von der Realität der Liebe in den Religionen – man kann auf all die Beispiele verweisen, wo Christen, Muslime und Juden sowie Hindus, Buddhisten und die Angehörigen der anderen Religionen über die Zeiten hinweg und in unterschiedlichen Kulturen zum Wohl der Menschen in entscheidender Weise beigetragen haben. Nein, Religionen sind nicht umfassend schlecht, religiöse Menschen nicht von vornherein von Gewalt geprägt. Es gibt mehr als genug Gegenbeispiele – ja, diese sind in allen Religionen, wenn man diese ohne Vorurteile und differenziert betrachtet, der Mainstream nicht allein der jeweiligen Lehre, sondern auch der Lebenspraxis der meisten ihrer Anhänger. Propagandisten der Gewalt, Fundamentalisten der Auslegung von Religion, brutale Mörder unter Berufung auf ihre Religion gibt es allerdings leider überall, und solche Menschen treten meist lautstark und mit entsetzlichen Bildern in den Vordergrund. Doch sie sind nicht das, was die Religionen ausmacht, und sie dürfen sich mit ihrer Gewaltanwendung in keiner Weise auf den inneren Kern ihrer Religion und die innere Mitte der jeweiligen religiösen Botschaft berufen.

Wohl aber gilt: Christen, Muslime und Juden sowie Hindus und Buddhisten sind als Menschen mit ihren Grenzen und unter dem Horizont der Begrenztheit ihrer Möglichkeiten, ihres Willens und ihres Handelns in gleicher Weise durch das Virus der Gewalt gefährdet. Doch Christen, Muslime und Juden sind ebenso in gleicher Weise gestärkt durch den inneren Kern ihrer Religionen: durch Liebe und Güte, durch Erbarmen und Gerechtigkeit, durch Gemeinschaft und Solidarität.

Was also ist zu tun? In zwei Richtungen muss gedacht werden, um der überbordenden Gewalt im Namen der Religionen deutliche Grenzen zu setzen und zu einem übergreifenden Frieden (Schalom und Salam) und zur Gewaltlosigkeit (Ahimsa) zurückzukehren:

- Die Erforschung von Gründen für Gewalt auch in den Religionen. Dies ist Thema des zweiten Kapitels: Woran liegt das alles?
- Der Aufbruch aus Gewalt zu einem Leben der Liebe. Dies ist Thema des dritten Kapitels: Wie können Christen, wie Muslime und Juden, wie Hindus und Buddhisten handeln?

Die Römer verehrten Janus, einen Gott, der zwei Gesichter hatte, eines nach vorne, auf die Zukunft gerichtet, eines nach hinten im Blick auf die Vergangenheit. Der Monat Januar erinnert noch an diesen Gott. Er kann ein Bild sein für das, was zu den Religionen festgestellt wurde:

Die Religionen haben ein freundliches Gesicht, aber sie kennen auch eine dunkle Seite. Und damit passsen sie genau zu Menschen mit Gutem und Bösem, mit Gelingen und Scheitern. Es ist die bleibende Aufgabe aller religiösen Menschen gleich in welcher Religion, die gute und freundliche Seite der Religion zur Zukunft, zur gemeinsamen Zukunft der Menschheit zu machen. Die dunkle Seite kann dabei mahnen, welcher Weg zu gehen ist und welcher nicht beschritten werden darf.

Urteilen

Von den Ursachen der Gewalt ...

im Kontrast

zur Botschaft der Religionen

Jerusalem heißt übersetzt »Stadt des Friedens«; das hebräische *schalom* oder arabische *salam* steckt darin, beides Begriffe für einen umfassenden Frieden – so zumindest die volksetymologische Erklärung. Damit ergibt sich vom Namen *Jeruschalajim* her eine Perspektive, eine Hoffnung, eine Vision, wie es des Prophet Jesaja ausdrückte: »Siehe, Finsternis bedeckt die Erde, doch über dir geht leuchtend der Herr auf, seine Herrlichkeit erscheint über dir. Völker wandern zu deinem Licht.« (Jesaja 60,2–3)

Jerusalem, das ist die Stadt der drei großen »abrahamitischen« Weltreligionen, die Abraham als ihren Stammvater bekennen: Judentum, Christentum und Islam. Jerusalem könnte die Brücke zwischen diesen drei Religionen darstellen, ein gemeinsames Ausrichten auf den einen und einzigen Gott bewirken und dies zum Wohl der dort in der Stadt und in ihrem Umfeld lebenden Menschen. Und auch davon spricht die Prophezeiung des dritten Jesaja am Ende dieses prophetischen Buches der Hebräischen Bibel: »[Gott spricht:] Ich setze den Frieden als Aufsicht über dich ein und die Gerechtigkeit als deinen Vogt. Man hört nichts mehr von Unrecht in deinem Land, von Verheerung und Zerstörung in deinem Gebiet. Deine Mauern nennst du ›Rettung‹ und deine Tore ›Ruhm‹.« (Jesaja 60,17b–18)

Doch die Realität sieht völlig anders aus. Da ist Jerusalem nicht die Stadt des Friedens, sondern der Trennung, nicht die Stadt der Gerechtigkeit, sondern der Unterdrückung zumindest eines Teils ihrer Bevölkerung, nicht die Stadt des Heils, sondern der Gewalt. Im Kleinen, nämlich im völlig unverständlichen Streit der christlichen Konfessionen, kann man das bereits in der Grabeskirche bemerken: Jede der Konfessionen möchte an diesem heiligen Ort der Christenheit den meisten Einfluss haben. Und dies wird in einem Dauerkonflikt ausgetragen – bis hin zu Schlägereien unter christlichen Mönchen unterschiedlicher Konfessionen darum, wer kehren darf. Der heilige Ort des Gedenkens von Grab und Auferweckung Jesu (zur historischen Wahrscheinlichkeit dieses Ortes sei hier nichts gesagt) wird zur unheiligen Stätte des Streites zwischen Menschen, die der Aufforderung Jesu zur Einheit der Glaubenden eklatant widersprechen.

Doch viel mehr ist Jerusalem heute das Sinnbild für den blutigen Kampf von Juden und Muslimen. Den Enkeln des gemeinsamen Stammvaters Abraham ging es immer wieder und auch heute gerade in dieser Stadt darum, die allein selig machenden Lehren zu verkünden, Recht zu haben, Recht zu behalten. Beide Religionen erheben Anspruch auf den Besitz der heiligen Stätte. Dies konzentriert sich im Anspruch auf den Tempelberg im Herzen der Altstadt von Jerusalem. Der Tempelberg (hebräisch *Har ha Bait*, arabisch *al-haram asch-scharif* [=»das edle Heiligtum«]) ist der verehrte Ort und zugleich der Ort des Streites.

Auf dem Plateau dieses Berges wurde ca. 980 v. Chr. von König Salomo der erste jüdische Tempel errichtet, in dessen innerstem Raum, dem Allerheiligsten, die Bundeslade der Exodustradition aufbewahrt wurde – »Gottes Heimstatt auf Erden«. Der Tempel wurde verstanden als Ort der unmittelbaren Gegenwart Gottes und somit als religiöser und nationaler Mittelpunkt des ganzen Landes. Mehr noch: Juden hielten den Tempelberg für den Mittelpunkt der Erde, den Berg, an dem sich Himmel und Erde berühren (vgl. die in vielen Religionen zu findende Symbolik vom Weltenberg). Dass dieser heilige Berg im Land der Juden lag, galt diesen als Hinweis auf ihre besondere Erwählung durch Gott. Einem jüdischen Mythos nach nahm Gott von diesem Berg Erde, um den ersten Menschen, Adam, damit die ganze Menschheit zu schaffen. Adam, aber auch seine Nachkommen Abel und Noach brachten auf diesem Bergplateau Opfer dar. Auch sei der Tempelberg mit dem Berg Moriah identisch, auf dem Abraham seinen Sohn Isaak darbringen sollte (nach islamischem Verständnis ist dies allerdings nicht Isaak, sondern der Erstgeborene Ismael, der Stammvater der Araber).

Der erste salomonische Tempel, der im Vergleich zum heutigen Areal viel kleiner war, wurde 587 durch Babylon zerstört. Nach dem Babylonischen Exil wurde der Tempel Salomos in einfacher Form und mit einfachen Mitteln wieder aufgebaut (ca. 521–516 v. Chr.). Auch dieser kleine Tempel wurde mehrfach beschädigt und entweiht; so etwa unter dem Seleukidenherrscher Antiochus IV. (215–164 v. Chr.), der 167 v. Chr. Jerusalem eroberte und den Jahwe-Tempel in einen Zeus-Tempel umwandeln ließ – der Auslöser für den letztlich erfolgreichen jüdischen Makkabäeraufstand gegen die syrisch-seleukidische Fremdherrschaft. Der aus Idumäa stammende, aber dem Judentum zugehörige König Herodes der Große (73–4 v. Chr.) ließ das Tempelplateau erweitern und baute darauf einen neuen und prächtigen Tempel. Dieser wurde im jüdisch-römischen Krieg 70 n. Chr. vollständig zerstört. Zum herodianischen Tempel ist auch Jesus gepilgert, wahrscheinlich wie die frommen Juden seiner Zeit zu den drei jüdischen Wallfahrtsfesten Pessah, Schawuot und Sukkot.

Bei der Teilung des Römischen Reiches 395 fiel Jerusalem an Ostrom, Byzanz, doch wurde es 614 von der persischen Sassaniden-Dynastie erobert. Massaker an der christlichen Bevölkerung durch palästinensische Juden waren die Folge, von 90 000 Toten wird gesprochen. Die Herrschaft der Sassaniden währte nicht lange, 629 gewann Byzanz die Stadt zurück. Doch bereits im Jahr 637 eroberte ein arabisch-islamisches Heer Jerusalem, nur fünf Jahre nach dem Tod Mohammeds. Unter dem umayyadischen Kalifen Abd el-Malik (685–705 n. Chr.) wurde von 687 bis 691 der Felsendom errichtet, jenes achteckige Kuppelbauwerk (die Kuppel wurde erst 1962 mit vergoldeten Bronzeplatten gedeckt), das die Silhouette der Altstadt von Jerusalem prägt. Der Felsendom ist keine Moschee, die Gebetshalle der Muslime ist die gleich nebenan liegende Al-Aksa-Moschee mit ihrer silbernen Kuppel. Er ist vielmehr ein Gedenkort für Muslime, nach Mekka und Medina der drittheiligste Ort, weil hier Mohammed der Legende nach seine Himmelsreise begann. Dies wird an dem mitten im Felsendom aufragenden Felsen verdeutlicht, der in jüdischer Sicht der Gründungsfelsen der Welt ist, in muslimischer der Beginn der Himmelsreise, die Mohammed zur Begegnung mit den früheren Propheten, auch mit Jesus, führte.

Von dieser Sicht her ist der Tempelberg heiliger Ort der Muslime. Juden dagegen haben ihren heiligen Ort an der Westmauer des ehemaligen Tempelplateaus, an der Klagemauer. Anders als der Name es vermuten lässt, ist dieser Ort für fromme Juden kein Ort der Klage (etwa um den verlorenen Tempel), sondern ein Ort des intensiven Gebetes und der Gottbegegnung. Für Christen dagegen ist der Tempelberg nur von geringer Bedeutung, sie haben in der Stadt mit Abendmahlssaal, Via Dolorosa und Grabeskirche andere heilige Orte.

Es gibt ultraorthodoxe jüdische Gruppen, die vehement einen Abriss des Felsendoms und die Neuerrichtung eines neuen jüdischen Tempels fordern – eine Forderung, die, falls sie verwirklicht würde, mit Sicherheit zu kriegerischen Auseinandersetzungen, vielleicht zu einem großen Krieg zwischen Muslimen und Juden führen würde. Der Tempelberg ist und bleibt ein explosiver Ort. Der Vorschlag der UNO von 1947, diese heilige Stätte und die Stadt unter internationale Aufsicht zu stellen, hätte den Konflikt entschärfen können, erscheint aber durch die Entwicklung Israels nicht mehr denkbar.

So wird Jerusalem zum Ort des Streites, wie die schwedische Dichterin Selma Lagerlöf es gesagt hat: »Jeder hasst hier die Menschen zum Ruhm seines Gottes.« Von den muslimischen Kriegern des siebten Jahrhunderts über die christlichen Kreuzzügler des 11. und 12. Jahrhunderts bis zu den jüdischen Militärs und palästinensischen Kämpfern unserer Zeit gibt es eine einzige Linie der Gewalt in der heiligen Stadt Jerusalem. Jerusalem wird somit nicht zum Symbol des Friedens und des Glaubens, sondern zum Symbol der Gewalt, die die drei großen vorderorientalischen Religionen prägt.

Dies ist im zweiten Schritt unseres Diskussionsbeitrages der Anlass, nach den Gründen einer solchen Entwicklung zu fragen, die dem alttestamentlichen Gebot vom Sinai »Du sollst nicht töten« ebenso widerspricht wie dem neutestamentlichen »Du sollst deinen Nächsten lieben« und dem islamisch-koranischen »Wenn einer jemand tötet, so ist es, als ob er die Menschen alle getötet hätte« (5,32). Wir fragen nach den Ursachen der Gewalt: Wie kommt es, dass die Religionen sich immer wieder auf den Weg der Gewalt begeben haben und die Vision des Friedens, der heiligen Stadt, der umfassenden Gemeinschaft aus den Augen verloren haben?

Es ist nicht einfach, die Frage nach den Gründen zu beantworten. Deshalb nämlich, weil meist ein ganzes Bündel von Gründen zusammenkommt, mal mehr dieser Aspekt, mal mehr jener. Auch sind – wie bei allem im menschlichen Leben – persönliche und soziale Ziele, politische, gesellschaftliche, rassische, wirtschaftliche und natürlich auch religiöse Motive unlösbar verknüpft. Es folgen deshalb fünf Stichworte, die Anregungen zum Nachdenken und zu einer eigenen Stellungnahme sein sollen:

- Aggressivität
- Angst
- Abgrenzung und Ausgrenzung
- Machtstreben
- Entwicklungsverweigerung

Danach folgt ein weiterer Abschnitt zum Umgang mit den Gewaltaussagen der Heiligen Schriften Bibel und Koran.

Aggressivität

»Wir alle sind Brüder – wie Kain und Abel«, so sagte es der polnische Philosoph und Dichter Stanislaw Jercy Lec (1909–1966). Lec greift hier auf einen Mythos am Anfang der Bibel zurück, auf die bedrückende Erzählung vom ersten Mord (vgl. Genesis 4,1–16): Hinter dieser Erzählung steht entwicklungsgeschichtlich der Gegensatz von Hirt (Abel) und Ackerbauer (Kain), von Nomadentum und Sesshaftigkeit.

Was in der biblischen Erzählung – wie auch in den anderen Mythen der biblischen Ur»geschichte« (Genesis 1–11) – an zwei Einzelpersonen und ihrem individuellen Konflikt festgemacht wird, ist von menschheitsgeschichtlicher Bedeutung und für die ganze Menschheit relevant: Nomadische Hirten fielen mit ihren Herden in das Ackerland der Bauern ein und richteten auf den Feldern Schaden an. Umgekehrt wird wohl manches Herdentier zum Braten der Bauern geworden sein – die Konfliktsituation ist offensichtlich. Der Bauer Kain nun erschlägt den Hirten Abel und löst damit das Problem unterschiedlicher Interessen auf gewaltsame Weise. Die Bibel bezeichnet die beiden allerdings als »Brüder« und als Kinder des Adam, des Menschen, der Menschheit.

Es geht im biblischen Text nicht um ein historisch fassbares Geschehen am Anfang der Welt, sondern um eine in die mythische Zeit projizierte Auseinandersetzung, die eine Aussage zur Menschheit insgesamt macht. Nur in einem bildhaften, symbolischen, metaphorischen und mythischen Sprechen können solche allgemein menschheitlichen Aussagen gemacht werden. Dann aber tragen solche Mythen wesentlich zur Welterklärung bei. Mythen in den Religionen machen keine historischen oder naturwissenschaftlichen, somit überprüfbaren Aussagen (vgl. etwa Genesis 1 und 2 mit den beiden biblischen Schöpfungserzählungen), sondern verweisen auf grundlegendere Wahrheiten, einen tieferen Sinn, auf eine letzte Verbindlichkeit, die über den Einzelnen (etwa Kain und Abel) hinweg auf die ganze Menschheit gerichtet ist. Es geht um archetypische Erzählungen, die grundlegende Aussagen über das Wesen des Menschen und sein Verhältnis zu Gott und dem Göttlichen machen, die in bildhafter Erzählweise auf die drei Grundfragen des Menschen antworten: Woher kommen wir? Wozu leben wir? Wohin gehen wir?

Zu Recht kann deshalb Stanislaw Lec davon sprechen, dass wir alle Brüder wie Kain und Abel sind: Die biblische Aussage betrifft uns alle – das Verhalten der beiden Brüder, unserer Brüder, findet sich in unterschiedlicher Weise in jedem Menschen wieder. Der Mythos also kehrt mit seiner oft bilderreichen und blumigen Erzählweise nicht in die Vergangenheit zurück, sondern sucht das durch alle Zeiten und Kulturen hin Allgemeine sichtbar und auf die Gegenwart hin relevant werden zu lassen. Damit hat er aber auch Relevanz für die heutige Welt – er verändert und gestaltet das gegenwärtige Leben, und dies in allen Kulturen. Auch in diesem Sinn ist die Bibel durch ihre Textsorte Mythos (neben vielen anderen Textsorten) ein Schatz nicht allein für Juden und Christen, deren Heiliges Buch sie darstellt, sondern zudem für die ganze Menschheit. Solche grundlegenden Texte wie der Mythos von Kain und Abel stellen Leuchttürme dar, die das Leben von Menschen auch in unserer Zeit erhellen können.

Denn hier klingt etwas an, was Menschen ganz allgemein prägt: Das Zusammenleben von Menschen, gleich auf welcher Ebene, ist zwangsläufig aufgrund von gegensätzlichen Interessen im privaten und gesellschaftlichen Bereich von Konflikten geprägt. Dies ist normal, und es ist auch weder möglich noch wünschenswert, dies zu verhindern. Denn Konflikte unterbrechen den Alltag; sie machen auf Fehlentwicklungen aufmerksam, eröffnen einen Raum für die Diskussion gegensätzlicher Standpunkte und auch für einen Neubeginn. Konflikte regen zur kreativen Bewältigung an, zu einem Interessensausgleich und können Menschen in ihrer Entwicklung voranbringen. Wahrscheinlich geht menschliche Entwicklung nur im Kontext von Konflikten – und ihrer Bewältigung. Durch Konflikte, selbst durch aggressives Verhalten darin, können Hindernisse für die eigene Entwicklung und für gesellschaftliche Ziele beseitigt werden. Zudem kann eine sich verändernde Umwelt neu mit dem eigenen Leben in Beziehung gebracht werden.

Denn es ist entscheidend, wie man mit Konflikten umgeht, welche Alternative man zu ihrer Lösung ergreift: Ein Sich-Durchsetzen eines ich-starken, engagierten und verantwortlich handelnden Menschen ist etwas anderes als eine aggressiv geprägte und damit Gewalt beinhaltende Durchsetzung allein der eigenen Interessen, oft übersteigert in Maßlosigkeit. Eine gerechte Konfliktlösung meint keine demütigende Unterwerfung unter den Willen anderer, auch kein passives Hinnehmen, sondern ein auf fairen Ausgleich ausgerichtetes Verhalten, das nicht nur die eigenen Interessen und Wünsche sieht und durchsetzen will, sondern auch die der anderen Seite erkennt und in Beziehung zum eigenen Leben stellt.

Die Frage ist also die, wie der Mensch mit dem in ihm liegenden und auch notwendigen Drang nach Durchsetzung seiner Interessen umgeht. Hat er wie Kain nur »sein eigenes Opfer« im Blick, sieht er sich allein in Konkurrenz zu anderen, muss er seinen »Boden« verteidigen gegen die »Herde« des anderen, dann kommt es schnell zu Gewalt, zum rücksichtslosen Gebrauch des Ellenbogens wie oft im Alltag von Menschen, des tödlichen Knüppels wie bei Kain oder der Gewehre und Bomben wie heute an vielen Konfliktpunkten der Erde.

Aggressivität (von lateinisch *aggredi* = herangehen, angreifen) ist ein Angriffsverhalten, das wohl zum Teil einer angeborenen Struktur der Menschen (und der Tiere) entspricht. Solche Aggression dient zwei Zielen: Zum einen ist dies die Selbstverteidigung gegenüber Angreifern, den »stärkeren Tieren«, die das eigene Leben, die Nachkommenschaft und den Besitz (das Revier der Tiere) gefährden und damit die Zukunft unsicher erscheinen lassen. Wo Flucht nicht möglich ist, ist Aggression die oft sehr erfolgreiche Waffe gegen den Eindringling (»fight or flight« –»Kampf oder Flucht«). Zum anderen zielt Aggression auf die Gewinnung von Ressourcen für das eigene Leben, bei den Tieren vorrangig auf Nahrungserwerb – ein Räuber-Beute-Schema. Dieses Schema findet sich – bei Tieren wie auch bei Menschen – über die Gewinnung von Nahrung hinaus auch beim »Erwerb« einer Partnerin/ eines Partners; hinzu kommt der Erwerb von Besitz sowohl für ein Individuum wie für eine Gesellschaft.

Die andere schädigenden Verhaltensweisen der Aggression werden wissenschaftlich unterschiedlich begründet:

- Es gibt seit Sigmund Freud die These, dass Aggression ein angeborener Trieb des Menschen ist, ein – wie Freud es bezeichnete – »Todestrieb«, der den Menschen zu Gewalt und Schädigung des anderen führt und der zwar »gezähmt«, aber im Letzten nicht völlig ausgeschaltet werden kann.

- Es gibt seit Konrad Lorenz die These, dass Aggression ein Instinkt des Menschen ist, mit dem ein Individuum seine eigene Existenz zu sichern versucht: Lebensraum, Schutz der Nachkommen und Erhaltung der Art werden dadurch angezielt.

- Es gibt soziologisch die These, dass Aggression aus dem Verhältnis von Individuen und Gruppen zu ihrer Umwelt entsteht. Wo Individuen marginalisiert werden, wo sie Ungerechtigkeit und Benachteiligung erfahren, selber zu Opfern von wie auch immer gestalteter Aggression werden, greifen sie zu gleichen Mitteln, um sich gegen andere durchzusetzen. Unterdrückung und Versagungen, Frustrationen, können aggressiv machen. Auch stellt eine Verdichtung von Individuen auf zu engem Raum (Bevölkerungsdichte, vgl. auch Lagerkoller etwa in Flüchtlingslagern bei zu engem Zusammenwohnen ohne ausreichenden intimen Raum) ein aggressionssteigerndes Element dar. Aus einer

Gemeinschaft aufgebrachter Menschen wird leicht ein gewalttätiger Mob.

- Es gibt die lerntheoretische These, dass Aggression nicht angeboren ist, sondern durch Prägung und Lernen verinnerlicht wird, ein Lernen nach Vorbildern, ein Verhalten nach einem Modell, eine Konditionierung durch äußere Einflüsse. Das Einprägen von Handlungsabläufen mit bewusstem oder unbewusstem Vorbildcharakter (Stichwort: Gewaltvideos und -spiele, aber auch Ausbildung von »Elite«soldaten), das den Menschen umgebende Milieu mit bestimmten Bräuchen und Ritualen (Stichwort Ehrenmord) und vieles andere mehr fördern Aggressivität, lassen Gewalt aufbrechen.

- Es gibt die biologische These, dass das männliche Geschlechtshormon Testosteron (und andere Hormone) wesentlich zum Entstehen von Aggression beiträgt.

Gleich, welcher dieser Theorien man den Vorrang zuspricht oder ob man – wie auch sonst oft – von einer multikausalen Entstehung ausgeht, wir müssen anerkennen: Es gibt diese Seite in jedem von uns, es gibt im Menschen die wie auch immer bedingte Anlage zur Aggression. Wir alle sind nicht nur Abel, also Opfer, sondern auch Kain, also Täter. Es gibt das »wilde Tier« in uns. Doch es bleibt die Frage, wie wir dieses »wilde Tier« in uns bändigen können.

Alle Rechtsordnungen der Menschen, vom Codex Hammurapi 1700 vor Christus in Babylon, der ersten großen schriftlich niedergelegten Rechtordnung, ausgehend über das jüdische Zehnwort vom Sinai, das auch Christen prägt und Auswirkungen bis in den Koran hat, bis hin zum Grundgesetz mit der daraus folgenden straf- und zivilrechtlichen Ausgestaltung und zudem der Menschenrechtserklärung der Vereinten Nationen – all solche Rechtsordnungen sind nichts anderes als Versuche, das »wilde Tier« in uns zu bändigen, damit Zusammenleben in einer für möglichst alle Einzelpersonen, Gesellschaften und Völker sicheren und gerechten Weise erfolgen kann.

Menschliche Gesellschaften schaffen Rechtsordnungen, die über Moral, Gewissen oder gesunden Menschenverstand hinaus eine verlässliche und allgemein gültige Form des Zusammenlebens bewirken sollen – die Zähmung des »wilden Tieres«. Solche Rechtsordnungen, darin sind sich die westlichen Länder einig, sollten in einem demokratisch gesicherten Verfahren aufgestellt werden. Dies ist ein wesentlicher Unterschied zum von oben herab durch den Herrscher bestimmten Codex Hammurapi oder den Edikten des indischen Mauriya-Kaisers Ashoka zur Gewaltlosigkeit (ca. 240 v. Chr.), inhaltlich mögen sie durchaus identisch sein. Demokratisch legitimierte Rechtsordnungen erhalten eine breiter angelegte Verbindlichkeit und werden in ihren Grundzügen durchaus als zeitlos betrachtet. So steht etwa der Grundsatz von der unantastbaren »Würde des Menschen« in Artikel 1 des deutschen Grundgesetzes unter der Ewigkeitsgarantie, dass diese Ordnung niemals, auch nicht durch eine parlamentarische Mehrheit, verändert werden kann.

Probleme entstehen dort, wo andere gesellschaftliche Systeme als eine demokratische Legitimierung des Rechtstaates vorliegen. Im Spannungsfeld des Islam, aber durchaus früher auch des Christentums und bis in die heutige Zeit des Judentums, wird eine Problematik sichtbar, wenn eine Rechtsordnung – etwa die der muslimischen Scharia oder die der jüdischen Tora – als unmittelbar von Gott den Menschen übergebene und deshalb nicht veränderbare Ordnung verstanden wird. Wenn dann unterschiedliche Kulturen angesichts von Globalisierung und Flüchtlingsströmen zunehmend aufeinander treffen und sich vermischen, wächst ein Gewaltpotential, das die innere Sicherheit von Ländern, aber auch den internationalen Frieden in hohem Maß gefährdet.

Doch gerade an solchen Stellen werden auch Wege erkennbar, gegen Gewalt vorzugehen: Die innere Mitte der Botschaft der Religionen, besonders der monotheistischen des Vorderen Orients, muss stärker eruiert werden und in den Vordergrund treten. Dadurch wird auch die spirituelle Kraft der Religionen deutlicher, die den Menschen hilft, Gewalt und Aggression in Schach zu halten. Dazu aber später mehr.

Angst

»Unheimliche Angst überfiel ihn«, so heißt es in einer Erzählung über Abraham (Genesis 15,12). Der Stammvater jüdischen, christlichen und muslimischen Glaubens war auf Gottes Geheiß hin aus seiner Heimat fortgezogen, die Bibel erwähnt keinen Widerspruch dieses Mannes, der noch eingebettet war in seinen nomadischen Clan und dessen Traditionen. Dennoch ist kaum zu unterschätzen, was ein Aufbruch aus den Bindungen des Stammes für einen Menschen einer solchen Kultur in der damaligen Zeit bedeutete: Er musste alle Sicherheit zurücklassen, als er aufbrechen sollte in ein neues Land, in dem er ein Fremder war und in dem er mit Widerstand der bereits dort wohnenden anderen Clans rechnen musste, wenn er sich ebenfalls dort niederlassen wollte. Die Abrahamserzählung verweist auf einen weiteren Aspekt, der zu den Gründen für Gewalt zwischen Menschen zählt – die Angst.

Der biblischen Urgeschichte (Genesis 1–11) folgt die Väter- (und Mütter-)Überlieferung mit Erzählungen über Abraham, Hagar und Sara, über Isaak und Rebekka, über Jakob, Lea und Rahel und Josef und seine Brüder in Genesis 12–50. Diese sich auch gattungsmäßig unterscheidenden Texte sind in unterschiedlichem Kontext entstanden und wurden schließlich zu einer großen Familiensaga zusammengefasst. Es geht in diesen Väter/Müttergeschichten um eine Rückbesinnung auf einen Anfang, nicht im Sinne einer heutigen historischen Forschung, sondern im Sinne eines »mitlaufenden Anfangs« (Hubertus Halbfas), bei dem die Lebens- und Glaubenswelt vergangener Zeiten Relevanz für andere Zeiten erhält. Die gesamte Tradition des Volkes wird auf eine einzige Person, auf den »einen Vater des Glaubens«, projiziert. Der Eine steht für alle. Abraham (und in der Folge die anderen Stammväter und -mütter des Glaubens) ist das in seiner Person konzentrierte Volk Israel und darüber hinaus die ganze Menschheit.

Es ist deshalb müßig, nach dem historischen Abraham zu fragen. Gewiss geben die Texte den kulturellen, gesellschaftlichen, politischen und religiösen Kontext des zweiten Jahrtausends vor

Christus im Vorderen Orient wieder. Aber es geht nicht um die Frage, ob Abraham eine historische oder fiktive Person war, sondern es geht um menschliche Grunderfahrungen, die sich in den Erzählungen über ihn ausdrücken und konzentrieren.

Eine erste Grunderfahrung des Abraham ist die der existenziellen Angst, als er erkennt, wie unsicher und ungeschützt seine Zukunft zumindest nach menschlichen Maßstäben ist: »Unheimliche Angst überfiel ihn.« Ein anderer Aspekt, der aber nicht zum Thema Gewalt dieses Buches passt, ist bei Abraham das Symbol des Weges, durch das menschliches Leben als »Lebens-Weg« mit Höhen und Tiefen verstanden wird. Wesentlich aber wird im letzten Kapitel dieses Buches ein dritter Aspekt zu Abraham sein, wenn über Vertrauen als Gegenpol zu Angst und damit zu Gewalt zu sprechen ist.

Nach Aggressivität ist Angst ein weiterer Grundzug des Menschen, der zu Gewalt führen kann. Dies soll näher ausgeführt werden:

Menschen sind vielfach von Angst geprägt, es gibt kein Leben ohne Angst. Oft allerdings bleiben Ängste unbewusst, bestimmen aber in tiefen Schichten unser Leben und brechen oft unvermutet und unverständlich in Menschen auf. Angst betrifft nicht nur die Psyche eines Menschen, sondern äußert sich ganzheitlich. Angst kann krank machen, kann zu Verhaltensveränderungen, ja, Verhaltensstörungen führen. Angst verändert zudem die sozialen Beziehungen von Menschen, sie schafft Barrieren, verursacht Abkapselungen und Fluchtreaktionen, verleitet zur Unwahrheit und dadurch zum Verlust zwischenmenschlichen Vertrauens. Ängste können sich selbst verstärken, sie schaffen manchmal erst, was sie befürchten; einer sich selbst erfüllenden Prophezeiung entspricht eine sich selbst erfüllende Angst. Angst ist zudem nicht an das Individuum gebunden, es gibt auch soziale und kollektive Ängste, die geschürt und verstärkt werden können. Kollektive Ängste werden von Despoten oft genutzt, um andere Menschen zu manipulieren: Die Angst vor einem angeblich übermächtigen und aggressiven Feind kann, so verkünden sie, nur durch den präventiven Einsatz von Gegengewalt überwunden werden. Viele kleinere und auch große internationale Konflikte sind durch solche Manipulationen der menschlichen Angst bedingt. Man verzeichnet einen Gegner zum Monsterfeind und fühlt sich dadurch berechtigt, selbst die gleichen Methoden anzuwenden, die man ihm unterstellt (oder die vielleicht auch real vorhanden sind).

Seit dem dänischen Philosophen und Theologen Sören Kierkegaard (1813–1855) wird zwischen der gegenständlichen Furcht und einer umfassenden Existenzangst unterschieden. Furcht meint dabei eine konkrete, in der Regel auch belegbare und von anderen nachempfindbare Stimmung. Die Furcht vor der Krankheit Krebs etwa verbindet Menschen – und sie ist real. Im Gegensatz zu einer Furcht vor einer bestimmbaren Bedrohung meint Angst ein unbestimmtes Lebensgefühl der existenziellen Bedrohung, die Erfahrung des Ausgeliefertseins an nicht beeinflussbare Mächte, das Bewusstsein auch der Hinfälligkeit und Sterblichkeit des eigenen Lebens. Kierkegaard sagt dazu: Angst ist »der Schauder der Anstrengung, Ich zu sein«.

Die Existenzphilosophie des zwanzigsten Jahrhunderts (Jean-Paul Sartre, 1905–1980, Albert Camus, 1913–1960, Martin Heidegger, 1889–1976, und andere) führt Kierkegaard fort und spricht von »der Geworfenheit des Menschen in eine Existenz inmitten einer Welt, die keine Begründung für das eigene Sein bietet«. Der Mensch ist »ausgesetzt ins Nichts«, in die Nacht, in den »Abgrund der Freiheit«. So unterliegt er einer Lebensangst, die sich aus der Fragwürdigkeit des Lebens in der Unberechenbarkeit seiner Möglichkeiten ergibt. Es ist eine Weltangst, eine »Ungeborgenheit in einer dem Menschen entfremdeten Natur«. Angst ist bei Heidegger eine »Grundbefindlichkeit des Menschen«, ein Entgleiten – das Nichts bedrängt ihn, die Sinnlosigkeit; ein Fall ins Nichts ist das unvermeidliche Schicksal des Menschen.

Das deutsche Wort Angst hängt von seiner Entstehung mit »eng« zusammen: Das indogermanische Wort *anghu* bedeutet »beengend, bedrängend«; das verwandte lateinische Wort *angor* steht für »würgen, ersticken« (vgl. Angina pectoris). Angst also grenzt ein, lässt die Lebenswelt des Menschen geringer werden, macht seelisch und körperlich krank. Auch Angst gehört zur »Grundausstattung des Menschen«, aber sie kann übersteigert werden, in paranoiden Verfolgungswahn ausarten – und hier liegt ein Entstehungsort von Gewalt.

Wo einer nicht mehr bereit und willens zum Vertrauen ist, immer mehr Leuten das Vertrauen entzieht, wo einer die anderen nur noch misstrauisch beäugt, weil er glaubt, dass sie seinen Lebensraum nur enger machen, wo einer sich von allen verfolgt fühlt, da sind zwei Reaktionen denkbar: Zum einen entsteht eine vollständige Lähmung, Resignation und Rückzug, auch Flucht vor dem Unvermeidlichen. Zum anderen entsteht Gewalt gegen sich selbst oder häufiger Gewalt gegen andere. Wo einer sich selbst, auch mit seinen Grenzen, nicht annehmen kann, da muss er einen Sündenbock für seine Situation suchen – und in der Regel wird er dies außerhalb seiner selbst tun. So entstehen Mobbing und Ausgrenzung, Verfolgung anderer und psychische oder physische Gewalt, so entstehen Streit und auf größerer gesellschaftlicher Ebene Krieg.

Es geht um die Angst, zu kurz zu kommen, den eigenen Anteil am Leben nicht zu erhalten, eingeengt zu werden. So weitet man seinen Bereich, wenn nötig, mit jeder Form von Gewalt aus. Das bereits erwähnte Beispiel Jerusalem zeigt uns dies in aller Deutlichkeit: Das Trauma des jüdischen Volkes, dass große Teile des Volkes durch unvorstellbare Gewalt im Holocaust vernichtet wurden, erzeugt Angst vor einer Wiederholung, erzeugt das Gefühl von Eingeengtsein im kleinen Israel und daraus resultierend Gewalt gegen andere. Dies ergibt – an den ultraorthodoxen jüdischen Gruppen ist dies überdeutlich zu sehen – eine gewaltsame Ausweitung des eigenen Bereiches auf Kosten der anderen.

Tragisch, dass die Situation der Palästinenser in ähnlicher Weise zu beschreiben ist. Sie wurden zuerst durch die Osmanen, dann durch die Mandatsmacht England und schließlich durch die einwandernden jüdischen Siedler ihres Landes beraubt, immer weiter zurückgedrängt, teilweise in Nachbarländer (etwa Jordanien oder Libanon) vertrieben. Das Ergebnis war wiederholt Krieg, mehrfach eine gewaltsame Intifada (arabisch *intafada* = »sich erheben, [Herrschaft] abschütteln«), Gegengewalt Israels und neue palästinensische Gewalt, eine Gewaltspirale ohne Ende. Die Bomben der Selbstmordattentäter und die der israelischen Flugzeuge entspringen der gleichen Gesinnung: Angst vor Zurücksetzung, vor Einengung, vor dem Fremden, den Fremden und daraus resultierend die verzweifelte und – im Fall der Palästinenser meist ohnmächtige – Gewalt.

Ähnliches lässt sich neben diesem jüdisch-islamischen Beispiel auch aus der Geschichte der Christen, etwa aus den Religionskriegen des 17. Jahrhunderts (Dreißigjähriger Krieg, 1618–1648) oder aus dem Nordirland-Konflikt und anderen geschichtlichen Stationen des Christentums erkennen.

Zu dieser Angst vor Einengung des eigenen Lebens kommt oft genug eine weitere: die Angst vor Veränderung. In diesem Punkt sind die Fundamentalisten aller Religionen gleich – sie wehren sich gegen jede Veränderung, die ihrer Meinung nach das Althergebrachte, die ehrwürdige Tradition, ja, die Grundlagen ihrer Überzeugung und sogar Religion nicht beachtet, sondern »willkürlich und alles relativierend« der Veränderung unterzieht. Fundamentalisten sperren sich selbst in ein ausgedachtes »Gefängnis ihrer Überzeugung und ihres Glaubens« ein. Sie berufen sich auf ein in keiner Weise veränderbares Fundament ihres Glaubens und wenden sich – immer laut und manchmal mit gewaltsamen Mitteln – gegen jede Veränderung, die sie als Aufweichung des Ursprünglichen verstehen. Allerdings muss man meist sehr kritisch anfragen, was für sie das Ursprüngliche ist; meist entfalten sie in gleichsam häretischer Weise einen einzigen Gedanken, der aber – objektiv betrachtet – keineswegs in der Mitte des jeweiligen Glaubens steht. Allein die Bindung an die Vergangenheit ist nach fundamentalistischer Sicht erlaubt, alles andere wird intolerant bekämpft.

Fundamentalistische Gruppen gibt es, so haben wir im ersten Teil dieses Buches aufgezeigt, in allen Religionen: Manche christliche Gruppen (etwa in den USA die zu Mord und Gewalt greifenden Abtreibungsgegner) gehören ebenso dazu wie die muslimischen Islamisten, Salafisten, saudi-arabischen Wahhabiten oder die Ultraorthodoxen im Judentum, die Anhänger der Hindutva im Hinduismus und – kleinere – Gruppen im Buddhismus. Solche

Gruppen vertreten militant und aggressiv einen Alleinvertretungsanspruch und glauben, allein die Wahrheit zu besitzen. Fundamentalisten – wir kommen im nächsten Punkt darauf zurück – sind
eine Plage der Menschheit und eine unmittelbare Gefahr für den
Frieden in der Welt.

Gegen solches Denken steht etwa die befreiende Botschaft des
Evangeliums, die Martin Luther (1483–1546) im Jahr 1520 zur
Schrift »Von der Freiheit eines Christenmenschen« führte. Darin
heißt es programmatisch: »Ein Christenmensch ist ein freier Herr
über alle Ding und niemand untertan. Ein Christenmensch ist ein
dienstbarer Knecht aller Ding und jedermann untertan.« Auch
wenn dies hier auf die christliche Religion bezogen ist, andere
Religionen machen vergleichbare Aussagen. Sie stellen den Menschen sehr wohl unter die Autorität Gottes (vgl. Islam als Hingabe
an Gott), aber betonen in unterschiedlicher Weise die Würde und
Freiheit des Menschen.

Die Religionen der Welt propagieren zudem vorrangig ein
Grundvertrauen in die Welt und in das Leben. Sie sprechen eine
Botschaft der Hoffnung aus, dass der Zukunft nicht mit Angst vor
dem Unbekannten, sondern mit Freude auf Vollendung begegnet
werden kann. Sie geben den fragenden und von Angst, auch Todes-
angst, geprägten Menschen ein wahres Fundament, auf dem er sein
Leben bauen kann.

Abgrenzung und Ausgrenzung

»Das Reich des Bösen«, so grenzte vor einigen Jahren der amerikanische Präsident George W. Bush (43. Präsident der USA von
2001 bis 2009) Länder wie Nordkorea, Iran und Irak aus und verstand sich selber und Gods own country Amerika natürlich und
nicht hinterfragbar als Reich des Guten. Bush sieht »eine Achse des
Bösen«, die sein Land und die freie Welt bedroht und gegen die
deshalb mit aller, durchaus auch militärischer Macht vorgegangen
werden muss. Mit dem Begriff des »Bösen« folgte Bush der Aus-

drucksweise seines Vorgängers Ronald Reagan, der bereits am 8. März 1983 die damalige Sowjetunion als »Reich des Bösen« bezeichnet hatte.

Sowohl bei Reagan wie bei Bush hat die Bezeichnung eines Gegensatzes von Bösem und Gutem einen religiösen Hintergrund – sie stehen im Kontext zu jüdischen und christlichen apokalyptischen Vorstellungen, wie sie im alttestamentlichen Buch Daniel, aber auch im neutestamentlichen Buch der Offenbarung zu finden sind. Danach gibt es am Ende der Zeit einen Endkampf, der zum Untergang der Welt führt, ein biblisches Harmagedon, von dem das letzte Buch der Bibel spricht: »[Die sieben Engel Gottes gießen die sieben Schalen des Zorns Gottes über die Erde: Geschwüre, Blut im Meer, Blut in den Flüssen, Feuer, Finsternis, Dürre, Blitze und Donner – das alles geschieht] an dem Ort, der auf hebräisch Harmagedon heißt.« (Offenbarung 16,16) Dorthin werden »die Könige der ganzen Erde zusammengeholt für den Krieg am großen Tag Gottes, des Herrschers über die ganze Schöpfung« (Offenbarung 16,14) – eine blutige Weltuntergangsfantasie.

Kleinere christliche Gruppen und auch die Zeugen Jehovas verwenden diese in mythisch-bildhafter Sprache geschriebenen Mahnungen eines uns unbekannten biblischen Schriftstellers an sieben kleinasiatische Gemeinden und reißen sie aus dem Gesamtzusammenhang des Buches Offenbarung heraus. Dort geht es gerade nicht um eine ungewisse und bedrohliche Endzeit, sondern um die konkrete Stärkung von Gläubigen, die durch die Christenverfolgung im Römischen Reich im Jahr 96 in Bedrängnis geraten sind und vom Verfasser der Offenbarung zu Mut und zum Standhalten aufgefordert werden. Weil es dem Verfasser wohl als unmöglich erschien, in klarer Sprache die Römische Besatzungsmacht Kleinasiens als gottwidrig zu zeichnen, greift er zu einer bildhaften Ausdrucksweise mit Blick auf ein apokalyptisches Ende der Welt. Die plastischen und fantasiereichen Bildworte etwa von den vier apokalyptischen Reitern (Völkerkrieg, Bürgerkrieg, Hungersnot, Massensterben) und von den sieben Posaunen der sieben Engel (Hagel und Feuer, brennender Berg und Blut, bitteres und ungenießbares Wasser, Sonnen- und Mondfinsternis, Heuschrecken, Kriegsheer und schließlich der letzte Engel mit dem Buch, in dem alles verzeichnet ist) schildern letztlich nichts anderes als die Unheilssituationen, die die Geschichte der Menschen seit eh und je begleitet haben: Naturkatastrophen ebenso wie die von Menschenhand gemachten Katastrophen Krieg und Hunger durch Ungerechtigkeit. Apokalyptische Reiter gibt es nicht erst am Ende der Zeiten, für apokalyptische Reiter sorgten die Menschen schon immer und sorgen sie auch heute – Herren über die »Hölle« sind nicht irgendwelche Teufel, sondern die Menschen selbst. Das Ziel der Offenbarung allerdings richtet sich auf die letzten beiden Kapitel, wo durch Gott selbst eine Wende zum Heil geschieht – der Glaubende darf auf ein endgültiges Heil hoffen, das von Gott gewirkt ist. Die Offenbarung ist somit kein Buch, das Schrecken erregen will, sondern ein Buch, das Mut und Hoffnung für Christen in Bedrängnis ausdrückt.

Das alles aber wird im Bibelverständnis fundamentalistisch christlicher Gruppen (vergleichbar auch in jüdischen, muslimischen oder hinduistischen Gruppen) nicht gesehen, sondern man beruft sich auf einzelne Verse, um sich ein Weltbild zu basteln, das in einer extremen Schwarz-Weiß-Malerei die Welt in Gut und Böse aufteilt. In den USA werden solche Gruppen als »Dispensationalismus« bezeichnet. Dieser greift auf altkirchliche Theologen wie Augustinus zurück, die eine Zeitenfolge verschiedener Haushaltungen (dispensiones) annehmen. Diese Zeitenfolge aber läuft auf einen apokalyptischen Endkampf hinaus. Grundlage solcher Vorstellungen ist eine wörtliche Auslegung von einzelnen Bibelversen, die – ohne Berücksichtigung ihrer Textsorte, Aussageabsicht und ihres Entstehungszusammenhangs (dazu wird weiter unten noch Stellung genommen, vgl. Seite 110) – als absolut irrtumsfrei angesehen werden, weil sie ja als biblisches Wort unmittelbar von Gott selbst stammen. Ein solches Bibelverständnis, welches die gesamte historisch-kritische Bibelforschung seit dem 19. Jahrhundert als Irrglauben und Häresie ablehnt, ist der Hintergrund nicht nur eines religiösen, sondern auch eines politischen Denkens, welches sich in einem Präsidenten wie George W. Bush in erschreckendem Maß zeigt und zu einem Unfrieden in der Welt geführt hat, der Kriege in islamischen Ländern (Afghanistan, Irak, Syrien) hervorbrachte, zugleich aber die Reaktion eines islamistischen Terrors und eine Flüchtlingskatastrophe. Wobei es geradezu skurril ist, dass das Schriftverständnis der islamistischen Fundamentalisten im Blick auf den Koran und seine Verse identisch ist mit dem ihrer christlichen »Kollegen« in ihrem Blick auf die Bibel.

Die Folge eines solch falschen Schriftverständnisses ist die Einordnung der Welt in Schwarz und Weiß, Böse und Gut, Feinde und Freunde. Das Schwarze, Böse, Feindliche aber muss in einem geradezu allumfassenden Endkampf bekämpft und ausgerottet werden. Durch einen solchen Kampf stellt sich der »gute Kämpfer« an die Seite Gottes und erfüllt dessen Willen. Pazifistischen Widerstand gegen aus solcher Sicht entstehende Gewalt und gegen kriegerisches Handeln (etwa im Irakkrieg) zeigt nur das Widergöttliche innerhalb des »eigenen Lagers« auf und muss deshalb ebenfalls bekämpft werden. Nur wer sich dem Kampf der »guten Seite« anschließt, hat ein Recht auf Leben, Besitz und Zukunft. Das Böse aber muss ausgerottet werden.

Was macht eine fundamentalistische Haltung aus? Dazu fünf Gedanken:

- Fundamentalisten haben ein eingeengtes Verständnis ihrer Heiligen Schrift, gleich ob es die Bibel oder der Koran ist. Jede Kritik am vermeintlichen Fundament ihres Glaubens wird vehement zurückgewiesen und zeugt nur vom Unglauben des anderen.
- Fundamentalisten verstehen die Verse ihrer Heiligen Schriften wörtlich und ahistorisch, nicht zeitbedingt. Auch werden die Aussagen der Schriften aus dem Zusammenhang gerissen und dadurch letztlich in ihrem Sinn verfälscht.
- Fundamentalisten leben nach klaren und einfachen Regeln, in einer Schwarz-Weiß-Malerei menschlichen Lebens, die der Vielfalt der Menschen und deren Lebensgestaltungen in keiner Weise gerecht wird. Sie halten sich zudem an eine vergangene Zeit, an das, was sie als Tradition verstehen, und sind keiner Veränderung zugänglich (vgl. dazu auch die fünfte Ursache von Gewalt »Entwicklungsverweigerung« ab Seite 100).
- Fundamentalisten verstehen ihre Wahrheit als die einzig richtige. Die anderen haben grundsätzlich Unrecht; nicht nur die

falschen Meinungen der anderen müssen bekämpft werden, sondern auch die Menschen, die solche Meinungen äußern. Toleranz ist nichts anderes als das Übel eines Relativismus, der alles für beliebig erklärt und kein Fundament des Lebens besitzt.

• Fundamentalisten haben ein dualistisches Welt- und Menschenverständnis. Es gibt nur Schwarz oder Weiß, keine Grautöne. Jedes differenzierte und damit der menschlichen Vielfalt gemäßere Urteil geht ihnen ab. So kommen sie zu einer einfachen Weltsicht, die mit den klaren Regeln ihrer Gruppe verwirklicht werden muss. Sie bestreiten, dass historische, kulturelle und gesellschaftliche Entwicklungen irgendeinen Einfluss auf ihre Sicht der Dinge haben können. Pluralismus ist für sie Teufelswerk.

In einem solchen Denken der Ausgrenzung und Abgrenzung ist ein dritter Aspekt zu finden, wie Gewalt entsteht: hier die guten Gläubigen, dort die bösen Ungläubigen; hier diejenigen, die sich an Gott binden, dort diejenigen, die dem Willen Gottes widersprechen, hier die Guten, dort die Bösen.

Ein solches Denken hat alle drei vorderorientalischen Religionen in hohem Maß geprägt und findet sich teilweise auch in den fernöstlichen Religionen. Jeder glaubt, im Besitz der alleinseligmachenden Gnade zu sein. Und damit sind die anderen, die nicht zur eigenen Religion Gehörenden, natürlich die Heiden, die Ungläubigen – die Feinde. Im Sommer 1550 streitet am spanischen Königshof der für die Rechte der Indios kämpfende Dominikanermönch Bartolomé de la Casas mit dem Hofkaplan Kaiser Karls V. Dieser »Geistliche« sagt: »Die Indios Amerikas sind primitive Barbaren, Götzendiener ohne Verstand und Moral und deshalb Sklaven von Natur und verpflichtet, den auf einer ungleich höheren Kultur- und Religionsstufe stehenden Spaniern zu dienen.« La Casas darauf: »Sind die Indios denn keine Menschen?«

Vergleichbare Beispiele einer Abgrenzung lassen sich aus dem islamischen Bereich ebenso benennen wie im Blick auf die alttestamentliche Abgrenzung Israels von anderen Völkern. Von einer solchen Abgrenzung jedoch ist es nicht weit bis zur Verfolgung »im Namen des Herrn«, bis zu dem unseligen Spruch auf den Koppelschlössern deutscher Soldaten im Ersten Weltkrieg »Gott mit uns«, bis zu den Stirnbändern, die muslimische Selbstmordattentäter sich um den Kopf binden und auf denen Allah angerufen wird.

Immer findet sich die gleiche Mentalität: Wir und allein wir sind im Recht und die Guten, die von Gott belohnt werden. Und alle anderen sind das Reich des Bösen, das unerbittlich und ohne Rücksicht vernichtet werden muss. Grenzen der Gewaltanwendung wie etwa das Völkerrecht oder menschliche Barmherzigkeit spielen dabei weder für islamische, noch für jüdische, noch für christliche Fundamentalisten eine Rolle.

Solches Denken prägt auch die jungen Männer, die sich auf den Islam und den Koran berufen, aber nicht deren Weisungen zum Frieden befolgen, sondern nur Schrecken, Terror und Tod verbreiten, die sogar vor Selbstmordattentaten nicht zurückschrecken in der Hoffnung auf jenseitige unmittelbare Belohnung durch Allah. Dies ist ein Denken von Menschen, die sich als gläubig und fromm verstehen und die glauben, den Willen Gottes besser zu verstehen als die unfrommen Ungläubigen. Sie allein verstehen den Willen Gottes nicht nur, sondern führen ihn auch aus; als »Werkzeuge Gottes« rotten sie die Ungläubigen aus. So aber haben sie Teil an der Allmacht Gottes; sie verstehen sich durch den allmächtigen Gott berufen und unterstützt in ihrem den Tod bringenden Wirken. Die Welt, die sie heute über die modernen Kommunikationsmittel bis in den letzten Winkel der Erde kennenlernen können, ist für sie nichts anderes als eine Gegenwelt Gottes, eine widergöttliche Ordnung, ein offensichtlicher Widerspruch gegen den von Gott geoffenbarten Willen, gegen seine Rechtleitung. Deshalb ist eine konkret zu erfüllende Pflicht für jeden Gläubigen – vor allem für sie selbst als die zum Kampf Auserwählten – Widerspruch gegen diese Gegenwelt in Wort, vor allem aber in blutiger Tat zu erheben. Keinerlei Diskussion, keinerlei vernunftmäßige Deutung der Heiligen Schrift, keinerlei beschwichtigendes Wort kann solche Menschen erreichen; sie sind taub jeglicher Argumentation gegenüber. Widerspruch und Gegengewalt bestärken sie vielmehr in ihrem Tun, weil sie darin ja gerade die von ihnen bekämpfte Gegenwelt Gottes erkennen. Sie fühlen sich deshalb auch nicht an die Gesellschaftsordnungen des Landes gebunden, in dem sie leben; allein der Wille Gottes, so wie sie ihn verstehen, gilt ihnen als Richtschnur und Maßstab ihres Handelns.

Was im Blick auf Terroristen jeglicher Herkunft eine extreme und nicht zu akzeptierende Handlung erscheint, gibt es aber bereits in kleineren Dimensionen sowohl im privaten wie im gesellschaftlichen Bereich: Wer ausgrenzt und nicht integriert, wer den anderen als niederzuringenden Konkurrenten ansieht, den Fremden als Bedrohung der eigenen Identität, wer davon überzeugt ist, dass nur seine eigene Meinung richtig sein kann, wer das Gespräch verweigert, wer exkommuniziert und ausschließt, der beschreitet einen Weg hin zur Gewalt. Von der Exkommunikation Andersdenkender zum Scheiterhaufen der Ketzer war nur ein kleiner Schritt. Und wenn in streng islamischen Ländern der Übertritt vom Islam zu einer anderen Religion mit dem Tod bedroht ist, dann ist das die gleiche Verhaltensweise: »Und willst du nicht mein Bruder sein, dann schlag ich dir den Schädel ein.«

Macht vom Himmel

Der Komponist Carl Orff (1895–1982) textet im Jahr 1943 für sein Bühnenwerk »Die Kluge« (eigentlich »Der König und die kluge Frau« nach einem Grimm'schen Märchen):
>»Wer viel hat, hat auch die Macht,
>und wer die Macht hat, hat das Recht,
>und wer das Recht hat, beugt es auch,
>denn über allem herrscht Gewalt!«

Eine wahre Erkenntnis: Das Streben von Menschen, über andere Macht zu gewinnen, produziert Gewalt. Orff verkleidet die in der nationalsozialistischen Zeit und während des Zweiten Weltkrieges durchaus gefährliche Aussage in eine Oper auf der Grundlage eines Märchens – aber wie häufig bei Märchen, werden darin, eingebettet in einen fantasievollen Erzählstrang, allgemein gültige Aussagen

94

über die Menschen gemacht. In der »Klugen« verläuft die Märchenerzählung wie folgt:

Ein armer Bauer findet auf seinem Feld einen goldenen Mörser, mit dem er aber nichts anfangen kann. Er will ihn deshalb zum König des Landes bringen und hofft auf eine Belohnung, die ihm helfen kann, das Schicksal seiner Familie zu verbessern. Seine Tochter, ein junges, schönes und vor allem kluges Mädchen (die Kluge) warnt ihn eindringlich: »Wenn du dem König den goldenen Mörser bringst, wird er nach dem goldenen Stößel fragen – und den kannst du ihm nicht beibringen. Er aber hat die Macht und damit das Recht und wird dich beschuldigen, den Stößel unterschlagen zu haben.« Genau so geschieht es, der Bauer geht trotz Warnung zum König, wird vom König der Untreue beschuldigt und landet im Gefängnis – ein Spiegelbild der Machtverhältnisse in unserer Welt. Im Märchen geht die Sache dann – anders als meist in der Wirklichkeit – deshalb gut aus, weil der Bauer im Gefängnis ruft: »Ach, hätte ich meiner Tochter doch geglaubt!« Als der König dies hört, lässt er die Tochter rufen, ist von ihrer Schönheit und Klugheit beeindruckt und heiratet sie – der arme Bauer aber wird freigelassen. Später setzt sich die Tochter für einen Eseltreiber ein, der ungerecht behandelt wurde, und der König schickt sie wütend weg, weil er seine Macht eingeschränkt sieht. Doch darf die Kluge in einer Truhe das mitnehmen, woran ihr im Palast am meisten liegt. Sie macht den König durch einen Trunk bewusstlos und bringt ihn in der Truhe aus dem Palast – ihre Klugheit besiegt den ungerechten Herrscher.

Was im Märchen gut ausgeht, sieht im realen Leben anders aus. Wenn Menschen über andere herrschen, versuchen sie ihren Willen mit Macht durchzusetzen. Bereits Jesus hat das sehr deutlich gesagt: »Ihr wisst, dass die Herrscher ihre Völker unterdrücken und die Mächtigen ihre Macht über die Menschen missbrauchen.« (Matthäus 20,25) Und genau das ist auch in der Geschichte der Religionen zu entdecken. Jesus aber gibt seinen Jüngern eine andere Weisung mit auf den Weg: »Bei euch soll es nicht so sein, sondern wer bei euch groß sein will, der soll euer Diener sein, und wer bei euch der Erste sein will, soll euer Sklave sein. Denn auch der Menschensohn ist nicht gekommen, um sich dienen zu lassen, sondern um zu dienen und sein Leben hinzugeben als Lösegeld für viele.« (Matthäus 20,26–28)

Die Weisung Jesu ist in der Geschichte der Christen nicht beachtet worden (vgl. die Darstellung dieses Aspektes christlicher Geschichte in Kapitel 1 ab Seite 16). Immer wieder geht es im Christentum, aber vergleichbar auch in anderen Religionen, um Macht, um Herrschaft über den anderen Menschen, um Macht über seinen Besitz, seine Zeit, seine Fähigkeiten, seinen Geist, seine Sexualität, seinen Glauben und seine Hoffnung. Um den anderen von sich abhängig halten, wurde eine Fülle von offenen und subtilen Praktiken entwickelt.

Was im Bereich der Religionen gilt, gilt natürlich auch und besonders im Bereich der politischen und staatlichen Macht, es gilt in anderen Bereichen wie Wirtschaft und gesellschaftliche Gruppen in gleicher Weise. Immer lassen sich Strukturen der Macht erkennen, die zu Unterdrückung anderer führen und die als menschenunwürdig bezeichnet werden müssen. Im Bereich der Religionen allerdings potenziert sich das allgemein menschliche Phänomen, weil hier nicht von einer menschengegebenen Macht gesprochen wird, sondern von einer »Macht vom Himmel«. Dies ist eine Macht, die letztlich auf Gott selbst zurückzuführen ist und die sich deshalb jeglicher Kritik und jeglicher Veränderung zu einer gerechteren Ordnung entzieht. Eine solche Macht vom Himmel kann nur in Demut (Dienstmut), in Ehrfurcht und Gehorsam akzeptiert werden. Der Herrscher wird gleichsam zum Stellvertreter Gottes, zu Gottes Sohn, in jedem Fall aber zu einem dem normalen Sterblichen übergeordneten Wesen verklärt.

Solches Denken war in einer autoritär und monarchischen Gesellschaftsstruktur wie in den Zeiten von Königtum und Kaisertum verständlich, wenn auch damals bereits nicht zu akzeptieren. Dass es diese Vorstellung auch ganz real noch in unserer Zeit gibt, wo die Gleichheit aller Bürger, der Schutz der individuellen Rechte und die gemeinsamen Entscheidungen aller innerhalb eines demokratisches Systems (Demokratie als Herrschaft des Volkes) propagiert werden, ist dann doch erstaunlich.

Aber schauen wir genauer hin – und zwar im christlichen Bereich besonders auf den Bereich der katholischen Kirche (in den orthodoxen Kirchen gibt es diese Vorstellung teilweise, in den protestantischen Kirchen nur in geringerem Maß):

Im Bereich der Religionen geht es zum einen um einzelne Machtträger, die ihre Macht ausnutzen, die allein bestimmen wollen, die niemand anderen gelten lassen. In der Regel aber geht es um die Machtausübung von Institutionen, die sich gleichsam göttliche Vollmacht zusprechen, die hierarchisch geprägt sind.

Hierarchie, »heilige Herrschaft« – im Neuen Testament taucht dieses Wort nicht auf, wohl aber immer wieder Dienen *(diakonia)*. Doch in den christlichen Kirchen, vor allem in der katholischen Kirche, ist dieser Begriff zu einem Schlüsselbegriff geworden; Hierarchie,»heilige Herrschaft«, wird als von Gott gegeben angesehen und kann schon deshalb nicht infrage gestellt werden. Und wer an der Berechtigung dieser heiligen Herrschaft zweifelt, wer die Frage nach dem Amt und seiner Aufgabe stellt, wer in diesem Punkt Korrekturen im Blick auf die Praxis Jesu, der ersten Gemeinden und des Neuen Testamentes fordert, der bewegt sich auch in der Kirche heute auf ganz dünnem Eis.

Das, was mit Hierarchie gemeint ist, geht eindeutig gegen die Intention Jesu, der von der Freiheit der Menschen ausgeht, die einzig und allein Gott verpflichtet sind, aber menschlichen Autoritäten nicht absoluten Gehorsam schulden. Und erst recht nicht einer kirchlichen! Die Apostelgeschichte macht dies in einer Erinnerung an die frühe Zeit der Kirche, an die Urgemeinde in Jerusalem, deutlich (vgl. Apostelgeschichte 5,21b–42), die gleichsam als Leitschnur für die Kirche späterer Zeiten verstanden wird: Die Spitzen der jüdischen Tempelhierarchie hatten den Aposteln die Predigt über Jesus verboten, so die Schilderung des Lukas (allerdings mindestens fünfzig Jahre nach dem berichteten Geschehen). »Doch Petrus und die Apostel antworteten: ›Man muss Gott mehr gehorchen als den Menschen.‹« (Apostelgeschichte 5,29)

Vor allem in den paulinischen Gemeinden gab es ein geschwisterliches Miteinander aller, bei dem alle die jeweils ihnen von Gott geschenkten, aber sehr unterschiedlichen Charismen (Gaben) einbringen konnten. In der Auflistung dieser Gaben nennt Paulus auch die Gabe des Leitens, aber nicht an erster Stelle und nur unter ferner liefen (vgl. 1 Korinther 12,28). In seinem Brief an die Römer (12,8) heißt es erst nach vielen anderen Gaben, die in der Gemeinde nützlich sind:»Wer Vorsteher ist, setze sich eifrig ein.« Also auch hier ist das Leitungsamt nichts anderes als ein Dienst, keine Herrschaft über andere Glaubende. Dazu noch einmal Paulus:»Wir wollen ja nicht Herren über euren Glauben sein, sondern sind Helfer (Diener) zu eurer Freude.« (2 Korinther 1,24)

Diese geschwisterliche Gemeindeordnung der paulinischen Gemeinden änderte sich bald. Zunehmend entstand – nach dem Vorbild jüdischer Synagogengemeinden – ein Kreis von Ältesten (*presbyteroi*), die die Leitungsaufgaben in den allmählich größer werdenden Gemeinden übernahmen. Aus diesem Kreis des Presbyteriums (in den evangelischen Kirchen gibt es eine Erinnerung daran durch die Funktion der Presbyter) schälte sich dann allmählich ein Koordinator heraus, noch *primus inter pares*, also »Erster unter Gleichen«. Aber das währte nicht lange: Zu Beginn des zweiten Jahrhunderts werden in den Spätschriften des Neuen Testaments andere Gemeindestrukturen sichtbar, bei denen ein Bischof wie ein Monarch die Gemeinde leitete. Dabei griff man nicht auf jüdische Vorbilder zurück, sondern auf die zivile römische Verwaltung, wo es in einer Stadt einen *episkopos*, einen »Aufseher« mit Leitungsfunktionen gab. Das Amt des Bischofs entwickelte sich, nicht als Dienst, sondern als Aufsicht und damit mit zuerst noch ganz anfanghaften Herrschaftsstrukturen.

Wie sich die kirchliche Hierarchie, so wie sie sich heute zeigt, entwickelt hat, kann hier nicht im Einzelnen dargestellt werden. Wohl aber muss darauf verwiesen werden, dass dies ein jahrhundertelanger Prozess war, der erst mit dem Ersten Vatikanischen Konzil (1869–1870) und dem darin beschlossenen Jurisdiktionsprimat des Papstes seinen (vorläufigen?) Abschluss fand. Seitdem kann der Papst unmittelbar in die gesamte Weltkirche, auch in die Bereiche der einzelnen Bischöfe eingreifen und Entscheidungen an sich ziehen. Die Pyramide der kirchlichen Hierarchie mit den Gläubigen unten, den Diakonen und Priestern, schließlich den Bischöfen in der Mitte und an der Spitze dem Papst ist seitdem »vollendet«.

Diese Veränderung von einer Gemeinde Gleicher hin zu einer Hierarchie Über- und Untergeordneter hatte erhebliche Konsequenzen – es ist eine Machtverschiebung von unten nach oben: Sind die Bischöfe jetzt nur noch »Beamte« und »Ausführungsorgane« des Papstes, die ihm zu unbedingtem Gehorsam verpflichtet sind? Sind die Priester nur noch der verlängerte Arm ihres Bischofs, die ihm »in Ehrfurcht und Gehorsam«, wie die Verpflichtung bei der Priesterweihe heißt, in jeder Weise zu folgen haben? Sind die Laien, die Gläubigen – das Volk Gottes also – nur noch unmündige Schafe, die nicht nur den »Hirten Jesus« brauchen, sondern mehr noch die Oberhirten der Kirche, Kirchenschafe? Ist die Kirche in dieser hierarchischen Ordnung ein Bollwerk, das als unveränderlich betrachtet wird, weil sich hier der Wille Gottes – so manche kirchliche Äußerung – zeigt? Erst das Zweite Vatikanische Konzil (1961–1965) hat hier vorsichtige Veränderungen gewagt im Blick auf die Bischöfe und auf die Laien.

Was aber geschieht mit den Menschen, wenn Macht auch in Religion und Kirche ausgeübt wird? Da gibt es die Mächtigen auf der einen Seite – und die Ohnmächtigen, die dummen Schafe auf der anderen, die zu gehorchen haben. Der Erzbischof und Schriftsteller François Fénelon hat gegen Ende des 17. Jahrhunderts im Blick auf die französische staatliche Ordnung formuliert: »Wenn die Könige kein anderes Gesetz mehr gelten lassen als ihren unbeschränkten Willen, so vermögen sie alles, aber sie haben kein Volk mehr, es bleiben ihnen nur noch Sklaven.« Für Könige kann man andere Worte einzusetzen, die Machthaber anderer Institutionen, auch die Machthaber der Kirche auf ihren unterschiedlichen Ebenen – die Aussage Fénelons bleibt stimmig, etwa: »Wenn Papst und Bischöfe kein anderes Gesetz mehr gelten lassen als ihren unbeschränkten Willen, so vermögen sie alles, aber sie haben kein Volk mehr, es bleiben ihnen nur noch Sklaven.«

»Macht vom Himmel« erscheint in vielen Fällen als unterdrückende Macht, die der Vorstellung vom Menschen als einem freien und selbstbestimmten Wesen eklatant widerspricht. Solche Macht von oben nach unten ist eine Quelle der Gewalt: von oben herab als Unterdrückung, Ausbeutung und damit Machtmissbrauch, von unten nach oben als meist hilflose Gegengewalt, die dennoch die gleiche unmenschliche Sprache spricht.

Hier muss deutlich gegengesteuert werden und von der Mitte der Religionen her klar gesagt werden, dass unterdrückerische Gewalt von oben nach unten sich in keiner Weise auf Gott berufen darf. Die islamistischen Terroristen sind genauso wenig »Gotteskrieger« wie es die christlichen Kreuzzügler waren. Sie sind »Teufelskrieger«, nichts anderes. Wie sagte Orff: »Über allem herrscht Gewalt!«

Entwicklungsverweigerung

Alle Religionen stehen immer im Spannungsfeld von Tradition und Aufbruch, von Beharrung und Veränderung, von Vergangenheit und Zukunft. Dieses Spannungsfeld ist in unserer Zeit komplexer geworden durch zwei grundlegende Veränderungen, denen sich die Religionen stellen müssen:

- Zum einen vollzieht sich ein gesellschaftlicher Wandel in viel schnellerem Maß als bislang gewohnt. Veränderungen der Informationstechnologie, neue Kommunikationsmittel, weltweite wirtschaftliche Konkurrenz durch die Globalisierung, Wanderungsbewegungen unter den Völkern – durch Flucht vor Krieg oder wirtschaftliche Not bedingt – erfordern neue Antworten und neue Wege auch der Religionen. Wie alle gesellschaftlichen Gruppen sind die Religionen einem zunehmenden Veränderungsdruck unterworfen entsprechend dem Wort »Wer zu spät kommt, den bestraft das Leben«. Die Religionen scheinen vordergründig zu den eher beharrenden Elementen heutiger Gesellschaften zu gehören, doch es gilt: Wenn sie sich nicht den neuen Herausforderungen stellen, werden sie in einer veränderten Zeit nicht überleben können. Religionen und Sinnsysteme sind immer wieder in der Geschichte der Menschheit durch Paradigmenwechsel (Wechsel eines Gesamtgefüges von Denkweise, Werten und Handlungen) von neuen Religionen und Sinnsystemen abgelöst worden. Dagegen sind auch die heutigen Weltreligionen nicht gefeit.

• Zum anderen stehen den Religionen sehr unterschiedliche Kulturen in den verschiedenen Teilen der Erde gegenüber. Die großen Religionen sind heute nicht länger vor allem in einer Region und Kultur beheimatet (das Christentum etwa in Europa, der Islam im arabischen Raum), sondern begegnen durch ihre weltweite Verbreitung einer Vielzahl von Traditionen, die oft viel älter sind als sie selber. Diese Begegnung mit kultureller Vielfalt, mit einer Vielzahl auch von individuellen Lebensweisen erfordert von den Religionen ein völliges Umdenken: Aus der Verwurzelung in eine einzige Kultur, aus den konkreten Vorgaben einer einzigen kulturellen Tradition muss eine grundsätzliche Offenheit erlangt werden für die Weite menschlichen Lebens, für die Vielfalt von Kulturen und Sprachen, für die vielen Wege, die Menschen gehen können. Dies ist für alle Religionen in einer globalisierten Welt eine Überlebensfrage, der sie sich in unterschiedlichem Maß stellen: Religionen können zu Fortschrittsverweigerern werden (so erscheint heute meist der Islam, aber auch die katholische Kirche) oder den Fortschritt in einer Kultur wesentlich vorantreiben (so etwa die protestantische Reformation, die durch ihre stärkere Betonung des Wertes jedes Individuums den Boden bereitete für die zweihundert Jahre später folgende Aufklärung in Europa).

Religionen brauchen den Mut zum Neuaufbruch, zur Veränderung, zu ständigen Reformen. Sie müssen ihre eigenen und durchaus liebgewonnenen Traditionen kritisch daraufhin befragen, ob diese nicht nur in ihrer Entstehungszeit angemessen und sinnvoll waren, sondern es heute noch in einer veränderten gesellschaftlichen und kulturellen Situation sind – in einem neuen Paradigma, das eben nicht nur Sprache und Brauchtum, sondern auch Werte und Lebensweisen grundlegend verändert.

Für Religionen ebenso wie für alle gesellschaftlich relevanten Gruppen gilt das, was der französische Historiker, Reformsozialist und Pazifist Jean Jaurès (1859–1914) in dem bekannten Wort zusammenfasste:»Einer Tradition treu zu sein, bedeutet, der Flamme treu zu sein und nicht der Asche.« Die Religionen dürfen nicht die »Asche überholter Traditionen« bewahren, sondern müssen das »Feuer ihrer lebendigen Überlieferung« weitergeben. Papst Johannes XXIII. (1881–1963) sagte im Blick auf das Zweite Vatikanische Konzil und die dabei angestrebten Reformen der katholischen Kirche:»Die Kirche ist kein archäologisches Museum, das die Vergangenheit konserviert, sondern der lebendige Dorfbrunnen, der den Menschen Wasser geben und Leben schenken soll.« Diese Aussage ist allerdings von der katholischen Kirche erst noch einzulösen.

Reformen in jeder Gesellschaft, jeder Kultur und jedem Staat, zudem in den Religionen, werden sich daran zu messen haben, ob sie Wege in die Zukunft eröffnen und in höherem Maß als bisher zu Gerechtigkeit, zu Ausgleich und dadurch auch zum Frieden beitragen. Reformen, die in dieser Weise ausgerichtet sind, sind angesichts neuer Herausforderungen in unserer Welt der Gewalt und Ungerechtigkeit unerlässlich. Religionen haben also die Chance, an der Zukunft der Menschheit in entscheidender Weise mitzubauen – oder sie verweigern sich neuen Herausforderungen unter Berufung auf fragwürdig gewordene Traditionen und tragen auf ihre – und in den meisten Ländern und Völkern der Welt nicht unbedeutende – Weise dazu bei, den Weg in die Zukunft zu verbauen.

Genau das ist aber der Punkt, wo auf den Fundamentalismus zurückzukommen ist, der in allen Religionen vorhanden ist. Fundamentalisten können die Notwendigkeit von Reformen und einer Neubestimmung auch der Traditionen ihrer Kultur und Religion nicht nachvollziehen. Fundamentalisten verweigern jede Veränderung – dazu drei Beispiele:

Fundamentalisten nehmen wissenschaftlichen Fortschritt nicht zur Kenntnis; ein Beispiel: Evolution (lateinisch *evolvere* = entwickeln) ist seit Charles Darwins (1809–1882) epochalem Werk »The Origin of Species« (1859) in vielfältigen Weiterentwicklungen zur Standardtheorie einer Entwicklung des Lebens geworden. Die Indizien, die die heutige Wissenschaft von verschiedenen Seiten her

(Fossilien, Genom ...) zusammenträgt, ergeben ein Bild, das die Ausgangsthese von Darwin in etwas veränderter Form bestätigt. Dennoch gibt es – meist aus einem fundamentalistisch-evangelikalen Spektrum stammende – Gegner der Evolutionstheorie. Diese haben in den evangelikal geprägten Staaten der USA erreicht, dass in den Schulen nicht über Evolution gesprochen werden darf. Allein das Sechs-Tage-Schöpfungs-Schema der Bibel (Genesis 1) wird als die einzige erlaubte Aussage zur Entstehung der Welt verstanden – eine Verweigerung von Fortschritt und nebenbei ein völlig falsches Verständnis des biblischen Textes.

Fundamentalisten verharren in einer rückwärtsgewandten Sicht der Dinge, ein Beispiel: Der Koran und die Hadithe (Aussprüche und Handlungen Mohammeds) stellen für Muslime die Grundsätze religiösen und ethischen Handelns dar. Nicht jede neue Situtation aber lässt sich von diesen beiden Rechtsquellen her beantworten. So entstanden schon früh im sunnitischen Islam vier Rechtsschulen (in der Shia, bei den Ibaditen und den Zahiriten gibt es eigene Rechtsschulen), die das islamische Recht des Anfangs (*Scharia* = »Weg zur Quelle, zum Leben«) entsprechend neuer Situationen weiterentwickelten: die Hanbal'iya in Saudi-Arabien, die Malik'iya im westlichen Nordafrika, die Schafi'iya in Ägypten und im Vorderen Orient, die Hanaf'iya in Südasien und der Türkei. Diese Rechtsschulen entstanden im 8. und 9. Jahrhundert. Seitdem aber kann es im sunnitischen Islam keinen neuen Ansatz der Rechtsauslegung mehr geben, allein die Anwendung der alten Rechtssätze durch Analogieschluss auf neue Situationen ist möglich – das »Tor der Auslegung« ist geschlossen, mit erheblichen Auswirkungen. Dies sieht man etwa an einem skurrilen Beispiel in Saudi-Arabien, wo die Frauen bis vor kurzem nicht Autofahren durften, weil sie zu Mohammeds Zeiten keine Kamelreiterinnen waren.

Fundamentalisten halten an Gewalt im zwischenmenschlichen und binnenstaatlichen Bereich fest; ein Beispiel: Körperstrafen wie Prügelstrafe, Amputation von Körperteilen und vor allem die Todesstrafe gab es früher in allen Kulturen, auch in den europäisch-christlichen Ländern. In Europa hat durch die (nichtkirchliche!) Aufklärung und andere Entwicklungen eine Domestizierung der staatlichen Strafen stattgefunden, Körperstrafen und Folter sind nunmehr verboten. Allerdings wird Folter in bestimmten Situationen durchaus auch von westlichen Staaten praktiziert, siehe Abu Ghureib und Guantanamo. Doch in fundamentalistisch oder autoritär ausgerichteten Staaten bleiben Körperstrafen weiterhin möglich (Prügelstrafe und Amputationen wie Abhacken der Hand eines Diebes). Dies gilt nicht allein für streng islamische Staaten, die Prügelstrafe gibt es auch im chinesisch geprägten Singapore. Und die Todesstrafe besteht in den meisten Bundesstaaten der USA fort, aber auch in China, Saudi-Arabien, Iran, Pakistan, Indien und vielen anderen Ländern.

Entwicklungsverweigerung ist nach Aggression, Angst, Ausgrenzung und Machtstreben ein fünfter Grund für die Entstehung von Gewalt in unserer Welt. Entwicklungsverweigerung ist in fünf Punkten eine Kampfansage gegen gesellschaftlichen Wandel und gegen die Vielfalt menschlichen Lebens:

Entwicklungsverweigerung richtet sich *gegen die Emanzipation der Frau* und die Gleichberechtigung der Geschlechter: Die Frau soll weiterhin unter männlicher Kontrolle bleiben. In den traditionellen, patriarchalisch geprägten Gesellschaften – dies gilt sowohl für den Vorderen Orient und damit für Judentum, Christentum und Islam, wie auch für Indien und damit für den Hinduismus und durchaus auch für den Buddhismus – war die Rolle der Frau an das Haus gebunden, der Mann prägte die gesellschaftliche Ordnung und war die letzte Entscheidungsinstanz. Die großen Religionen haben in unterschiedlichem Maß diese Linie prolongiert, eine Benachteilung von Frauen wird erst seit der Frauenbewegung des 20. Jahrhunderts in den westlichen Gesellschaften aufgebrochen. Gesellschaften wie die wahhabitisch-islamische in Saudi-Arabien halten dagegen nahezu unverändert an dem hergebrachten Rollenschema fest (erst 2015 konnten Frauen in Saudi-Arabien zum ersten Mal ein aktives Wahlrecht bei Kommunalwahlen ausüben). In solchen Gesellschaften konnten und können Frauen keinerlei Rechtsgeschäfte ohne Zustimmung ihres männlichen Vormundes (Ehegatte, Bruder, Onkel ...) vornehmen. Nur mühsam erobern sich

Frauen auch Leitungsämter in den Religionen: Im Protestantismus ist dies inzwischen weithin möglich, in der katholischen und orthodoxen Kirche nicht. Frauen als Imame und Mullahs sind im Islam undenkbar, nur in wenigen muslimischen Gruppen (in Deutschland im Liberal-Islamischen Bund) ändert sich dies zögerlich. Im Hinduismus sind alle brahmanischen Tempelpriester Männer, im Buddhismus gibt es in den drei Hauptrichtungen zwar zunehmend auch Nonnen, aber sie prägen nicht das Erscheinungsbild dieser Religionen und bleiben umstritten. Auch die daoistischen Weisen und die konfuzianischen Lehrer sind Männer – Frauen spielen in allen Religionen nur als Gläubige und Opfer bzw. Geld Spendende eine Rolle, haben aber keinen gleichwertigen Stand in den Leitungsfunktionen.

Entwicklungsverweigerung richtet sich *gegen einen freien Zugang zur Bildung.* Bildung wird verstanden ausschließlich als Eingliederung in die jeweilige gesellschaftliche oder religiöse Tradition, eine selbstständige und kritische Sicht ist nicht erwünscht. Damit aber bleibt das Leben der Individuen eingebunden in den vorgegebenen Rahmen der traditionellen Ordnung. Eine sich auf einen größeren Horizont beziehende Bildung würde den Individuen eine größere Wahlmöglichkeit zwischen unterschiedlichen Werten, Lebensweisen und religiösen Vorstellungen eröffnen – dies gilt es zu verhindern. Bei besserer Bildung würde zudem die Kontrolle durch die Machthaber erschwert oder gar ganz verhindert. Es verwundert deshalb nicht, wenn die islamistische Terrorbewegung im Norden von Nigeria sich *Boko Haram* nennt – »Westliche Bildung ist Sünde, ist nicht erlaubt«. Das aggressive Vorgehen der afghanischen und pakistanischen Taliban gegen Mädchenschulen und Frauenbildung passt ebenfalls in diese Entwicklungsverweigerung. Allerdings muss auch gesagt werden, dass es vergleichbares Verhalten früher durchaus in auch im christlich geprägten Europa gegeben hat. Es gibt diese Verweigerung – in veränderter Weise – durchaus bei den ultraorthoxen Juden, bei denen die Männer vorrangig die Tora studieren und andere Bildungsinhalte unwichtig sind (für Frauen dort sowieso). Kritische Fragen müssen auch gerichtet werden an manche muslimische Medrese (muslimische Hochschule), wo Koranschüler ein eingeengtes Bildungsprogramm absolvieren (nur Hocharabisch, Koranexegese, Schariakenntnis, nicht aber Fremdsprachen, naturwissenschaftliche oder musische Fächer). Entwicklungsverweigerung durch die Verweigerung von Bildung oder einen geringen Bildungsumfang aber bewirkt eine verengte Weltsicht, die Nichtakzeptanz anderer Auffassungen, Denkweisen, Traditionen, ein Leben allein im Blick auf die Vergangenheit der eigenen Tradition. Verweigerung von Bildung verschließt Wege in die Zukunft und ist damit latent Gewalt fördernd.

Entwicklungsverweigerung richtet sich *gegen die Vielfalt von Lebensstilen und Biografien*. Nicht viele Wege gibt es, menschliches Leben gelingen zu lassen, sondern nur den einen, meist autoritär vorgeschriebenen Weg der gesellschaftlichen oder religiösen Tradition. Dieser ist nicht zu hinterfragen oder gar kritisch-produktiv zu verändern. Vielmehr muss er im Gehorsam akzeptiert werden, dies wird von der Führung der jeweiligen Tradition kontrolliert und bei Übertretung sanktioniert. Die Vielfalt des Lebens, innerhalb dessen das Individuum die Freiheit zur Entscheidung hat, wird nicht als Bereicherung und Chance angesehen, sondern als Bedrohung von Tradition und Normen. Vielfalt von Kultur ist nicht erwünscht; eine Vielfalt von sexueller Ausrichtung und Lebensweisen ist gleicherweise unerwünscht und wird bekämpft. Sexualität wird kanalisiert und soll ausschließlich unter der Kontrolle der Normen bleiben, die von Männern festgesetzt wurden (oft wie bei den Sexualnormen der katholischen Kirche von alten, dem Anspruch nach zölibatär lebenden Männern). Die Verweigerung von Vielfalt kann sich auf Bekleidung richten (etwa die Kleidervorschriften im strengen Islam), auf die Gestaltung des öffentlichen Lebens (etwa die strengen Sabbatvorschriften im orthodoxen Judentum, die in Israel das öffentliche Leben am Sabbat weithin lahm legen), selbst auf Bestattungsrituale (wo früher im europäisch-christlichen Bereich Selbstmördern ein christliches Begräbnis verweigert wurde). Solche Entwicklungsverweigerung gegen die Vielfalt von Lebensstilen kann Gewalt erzeugen, etwa wenn die ultraorthodoxen Juden im Jerusalemer Viertel Mea Schearim am Sabbat Autos mit Steinen bewerfen, weil das Zünden eines Automotors dem Anzünden eines Feuers gleichzusetzen ist – und dies ist am Sabbat verboten. Entwicklungsverweigerung kann zu Gewalt führen, etwa wenn die Religionspolizei in Saudi-Arabien oder im Iran die Bekleidung der Frauen in der Öffentlichkeit überprüft und – aus ihrer Sicht – mangelhafte Bekleidung mit Stockschlägen sanktioniert. Entwicklungsverweigerung kann zu Gewalt führen, wenn gesellschaftliche, rassische, sexuelle Minderheiten nicht geduldet, sondern bekämpft werden. An vielen Stellen der Erde ist das gängige Praxis; das Fremde beziehungsweise der Fremde wird nicht als Bereicherung eines vielgestaltigen Lebens angesehen, sondern als Bedrohung der eigenen Lebensgestaltung und deshalb bekämpft.

Entwicklungsverweigerung richtet sich *gegen Meinungsfreiheit. Meinungsvielfalt, Pressefreiheit und Versammlungsfreiheit* stellen aus der Sicht fundamentalistischer Denker eine unzulässige Relativierung der einen und absolut gültigen Wahrheit dar. Angestrebt wird keine Einheit (eines Volkes, einer religiösen Gemeinschaft, einer gesellschaftlichen Gruppe), sondern eine Einheitlichkeit, bei der sich alle den gleichen Grundsätzen, Prinzipien und Werten unterwerfen müssen. Es gibt einen Alleinvertretungsanspruch der alleinigen Wahrheit, der anderen überzustülpen ist und keinen Raum lässt für eine bunte Vielfalt menschlichen Lebens, für eine differenzierte Sicht auf Gesellschaft und Religion, für eine Freiheit des Denkens, Redens und Handelns. Somit muss die öffentliche Meinung kontrolliert und eingeschränkt werden. Dies geschieht durch die Mächtigen, im Fall der Religionen durch Religionsführer und ihre »Schäferhunde«, die vor allem in Christentum und Islam zu einer Inquisition geführt haben: Allein die offiziell vorgeschriebene und sich auf die hergebrachte Tradition berufende Meinung hat ein Existenzrecht, alle anderen Meinungen müssen bekämpft werden, und dies durchaus mit Gewalt. Es verwundert auch nicht, dass in autoritär geführten Ländern nicht nur die Meinungsfreiheit und Pressefreiheit eingeschränkt sind, sondern auch die Versammlungsfreiheit. Hier liegt einer der Gründe für das Entstehen von übermäßiger Gewalt in Libyen, Ägypten und vor allem in Syrien. Wo despotisch das Volk in Gefangenschaft gehalten wird, wo jede öffentliche (und manchmal auch private) Äußerung staatlich verfolgt wird, entwickelt sich eine Spirale von Gewalt und Gegengewalt, von Unterdrückung und dagegen protestierendem Aufstand. Wiederum muss gesagt werden, dass solche Gewaltspiralen aufgrund mangelnder Meinungs-, Presse- und Versammlungsfreiheit nicht nur in islamischen Ländern zu verzeichnen sind (dort treten sie im Augenblick durch ihre überbordende Gewalt und durch die Folge der Flüchtlingswelle besonders in den Blick der Weltöffentlichkeit), sondern auch anderswo mit unterschiedlichem kulturellen und religiösen Hintergrund. Die gewaltsame Unterdrückung der Opposition in Russland (etwa der Mord am liberalen Oppositionspolitiker Boris Nemzow am 27. Februar 2015 oder 2020 die Vergiftung und Gefangennahme von anderen Oppositionsführers Alexei Anatoljewitsch Nawalny), die Niederschlagung der Studentenproteste im Massaker auf dem Tian-An-Men-Platz in Beijing am 4. Juni 1989 oder das blutige Beenden von Protesten im usbekischen Andischan (Andijon) am 13. Mai 2005 – diese Beispiele und viele weitere machen Gewalt durch Verweigerung von Freiheit auch in vielen anderen kulturellen und gesellschaftlichen Bereichen deutlich.

Entwicklungsverweigerung richtet sich *gegen die Menschenrechte* als unverfügbare Grundlage einer friedlichen menschlichen Gesellschaft. Der Begriff und der Umfang von Menschenrechten werden in den verschiedenen Kulturen der Welt zum Teil unterschiedlich gesehen. Dies hängt wesentlich davon ab, welche Ziele in welcher Weise gewertet werden. In der westlichen Welt sind diese Werte in Folge der jüdisch-christlichen Tradition vom Wert jedes einzelnen Menschen als Geschöpf Gottes und in Folge der Aufklärung besonders auf das Recht des Individuums ausgerichtet, das gegen Übergriffe von Gruppen (auch des Staates) geschützt werden muss. In den östlichen Ländern, etwa in China, wird aufgrund wirtschaftlicher Bedingungen (die Wasserbaukulturen der chinesischen und vietnamesischen Landwirtschaft sind nur im Zusammenwirken von Hunderttausenden von Bauern möglich geworden) und aufgrund von religiösem Gedankengut (Harmonie von Himmel und Erde, eine Störung dieser Harmonie muss verhindert werden) mehr die Gesellschaft betont, in die sich das Individuum zum Wohl aller einzugliedern habe. Trotz dieser unter-

108

schiedlichen Akzentuierung im Westen und im Osten war bislang auf die gesamte Welt hin gesehen eine Entwicklung zu mehr Rechten der Menschen festzustellen (was heute allerdings vielerorts zunehmend eingeschränkt wird). Dabei haben die einzelnen Länderverfassungen (wie die amerikanische Verfassung, die Leitlinien der Französischen Revolution, aber auch das deutsche Grundgesetz) erhebliche Fortschritte gegenüber früheren gesellschaftlichen Strukturen erbracht. Vor allem aber ist durch die völker- und kulturenübergreifende Arbeit der Haager Friedenskonferenzen (1899 und 1907 mit dem Ziel einer internationalen Rechtsordnung), durch den Völkerbund (1920–1946) und durch die UNO (Vereinte Nationen, ab 1945) ein Bewusstsein für die Länder, Kulturen und Religionen übergreifenden Rechte der Menschen gewachsen.

Die UNO befasst sich gemäß ihrer Charta mit dem Völkerfrieden, mit der Entwicklung und Einhaltung des Völkerrechts und mit der Förderung der internationalen Zusammenarbeit auf allen Gebieten. In diesem Zusammenhang ist im Jahr 1948 die »Allgemeine Erklärung der Menschenrechte« von der UNO formuliert worden. In dieser Erklärung heißt es unter anderem (neben dem Recht auf Leben, dem Verbot der Folter, dem Recht auf Arbeit und soziale Sicherheit ...): »Jeder hat das Recht auf Gedanken-, Gewissens- und Religionsfreiheit; dieses Recht schließt die Freiheit ein, seine Religion oder Überzeugung zu wechseln, sowie die Freiheit, seine Religion oder Weltanschauung allein oder in Gemeinschaft mit anderen, öffentlich oder privat durch Lehre, Ausübung, Gottesdienst und Kulthandlungen zu bekennen.« (Artikel 18)

Gegen die so promulgierten und für die der UNO angehörenden Länder verbindlichen Menschenrechte und Menschenfreiheiten richtet sich vielerorts Widerstand, der diese Rechte einschränken und kontrollieren will. Dies bedeutet oft eine Machtausweitung des Staates, der seine Bürger lückenlos überwachen und ihre Privatsphäre kontrollieren will (etwa in den USA). Es kann aber auch in manchen Ländern eine Verweigerung der Entwicklung darstellen, die dann aber wiederum zu Protest und Widerstand von Bürgern führt: Die Spirale von Gewalt und Gegengewalt entzündet sich auch an diesem Punkt.

Die fünf genannten Punkte Aggression, Angst, Ausgrenzung, Machtstreben und Entwicklungsverweigerung lassen sich auf verschiedene islamische Länder beziehen, aber teilweise ebenso auf christliche, auf Israel, auf asiatische und afrikanische Länder. Und sie lassen sich voll und ganz auf religiöse Institutionen beziehen wie leider auch auf die katholische Kirche oder den wahhabitischen Islam auf der arabischen Halbinsel und darüber hinaus.

Gewalt in den Heiligen Schriften

Am Ende dieses Kapitels sei ein Blick auf die Heiligen Schriften der Religionen geworfen, in denen Gewalt durchaus, wenn auch in unterschiedlicher Weise, ein Thema ist. Wir haben in der Analyse des ersten Kapitels sowohl im Blick auf die Hebräische Bibel der Juden (vgl. ab Seite 41ff.) als auch im Blick auf den muslimischen Koran (vgl. ab Seite 29ff.) entsprechende Beispiele genannt. Wie aber sind solche Gewaltverse der Heiligen Schriften einzuordnen, auf die sich die Fundamentalisten und »Teufelskrieger« in den Religionen immer wieder berufen? Schauen wir beispielhaft auf die Hebräische Bibel der Juden, die die Christen als wesentlichen Teil ihres Alten Testaments übernommen haben:

Wie im ersten Kapitel (ab Seite 41) aufgezeigt, ist die Geschichte der Juden vorrangig eine Geschichte der Gewaltopfer – sie mussten, gleich ob in Ägypten, Babylon oder in ihrer Heimat unter der Unterdrückung und Ausbeutung übermächtiger fremder Herrscher leiden. Dennoch sind auch im Blick auf die jüdischen Traditionen nicht nur »leidende Gerechte« entsprechend den Gottesknechtliedern des zweiten Jesaja oder der Novelle des von Gott selbst geschlagenen Ijob zu finden. Nein, auch die Schriften der Hebräischen Bibel sind voll von aktiv ausgeübter Gewalt, das Heilige Buch der Juden und Christen (dessen Themen zudem teilweise vom Koran aufgegriffen wurden) ist voller Erzählungen, historisch einzuordnenden und fiktiven, in denen auch die Menschen Gewalt ausüben, die an Jahwe glauben.

Bereits im ersten Buch der Bibel, in der sogenannten Urgeschichte, die nicht Historisches berichten, sondern gleichsam das Wesen des Menschen, der Menschheit, aufzeigen will, finden wir überbordende Gewalt. Da findet sich in Kapitel 4 nicht nur die mythische Erzählung von Kain und Abel (vgl. Seite 77), sondern kurz danach ein Hinweis auf einen direkten Nachkommen Kains, auf Lamech. Ohne dass irgendein Grund – etwa Blutrache oder Frauenraub – ersichtlich ist, brüstet sich Lamech und droht mit unmäßiger Gewalt: »Lamech sagte zu seinen Frauen [Ada und Zilla]: ›Einen Mann erschlage ich für eine Wunde und einen Knaben für eine Strieme. Wird Kain siebenfach gerächt, dann Lamech siebenundsiebzigfach.‹« (Genesis 4,23–24) Im christlichen Neuen Testament setzt Jesus dieser überbordenden Gewalt die Forderung nach einem ebenso überbordenden Frieden gegenüber – wohl eine Anspielung auf diesen Text der Hebräischen Bibel, den Jesus sicher gekannt hat: »Petrus fragte: ›Herr, wie oft muss ich meinem Bruder vergeben, wenn er sich gegen mich versündigt? Siebenmal?‹ Jesus sagte zu ihm: ›Nicht siebenmal, sondern siebenundsiebzigmal.‹« (Matthäus 18,21–22) Sieben ist in diesen Texten bereits die Vollkommenheitszahl und meint »in allen Situationen, jedes Mal«. Siebenundsiebzigmal vergrößert die bereits allgemein gültige Forderung ins Unermessliche: unermessliche Gewalt bei Lamech, unermesslicher Friede bei Jesus.

Im Buch Richter findet sich ebensolche grenzenlose Gewalt: Die Heldengestalt Simson wird von seinem eigenen Volk den feindlichen Philistern ausgeliefert, um deren Rache zu entgehen. Doch der gefesselte Simson kann seine Stricke sprengen, und dann heißt es: »Simson fand den noch blutigen Kinnbacken eines Esels, ergriff ihn mit der Hand und erschlug damit tausend Männer. Damals sagte Simson: ›Mit dem Kinnbacken eines Esels habe ich sie gründlich verprügelt; mit einem Eselskinnbacken habe ich tausend Männer erschlagen.‹« (Richter 15,15–16)

Hier ist nichts von dem Gewalt eindämmenden und die Rache mäßigenden Wort der jüdischen Gesetzgebung sichtbar: »Wenn Schaden entstanden ist, dann musst du geben: Leben für Leben, Auge für Auge, Zahn für Zahn, Hand für Hand, Fuß für Fuß,

Brandmal für Brandmal, Strieme für Strieme.« (Exodus 21,23–24). Dieser Rechtssatz aus dem zentralen Bundesbuch der Tora wird Talionsformel genannt (lateinisch *talio* = Vergeltung). Was uns heute auf den ersten Blick als grausame Rache durch eine Körperstrafe erscheint, war in Wirklichkeit damals eine die Gewalt eindämmende Maßnahme: Nicht mehr überbordende Gewalt sollte erlaubt sein, sondern nur noch eine angemessene, bei der Schaden und Strafe einander entsprachen – in der Menschheitsgeschichte war dies ein wichtiger Beitrag zur Eindämmung von gewaltsamem Handeln und von Rache. Dabei hat allerdings die Bibel dieses Talionsprinzip nicht erfunden. Bereits im Codex Hammurapi, einer Sammlung von Rechtsordnungen durch den babylonischen König Hammurapi (1792–1750 v. Chr.) heißt es vergleichbar: »Wenn ein Mann das Auge eines anderen zerstört hat, so wird man sein Auge zerstören. Wenn ein Mann einem anderen einen Zahn ausgeschlagen hat, so wird man ihm einen Zahn ausschlagen.« Die Bibel wiederholt im Heiligkeitsgesetz des Buches Levitikus die Talionsformel: »Wenn jemand seinen Stammesgenossen verletzt, soll man ihm antun, was er getan hat: Bruch um Bruch (= Schaden für Schaden), Auge um Auge, Zahn um Zahn. Der Schaden, den er einem Menschen zugefügt hat, soll ihm zugefügt werden.« (Levitikus 24,19–20)

An diesen Beispielen – viele weitere ließen sich anführen – wird bereits deutlich, dass die Hebräische Bibel unterschiedlich mit dem Thema Gewalt umgeht. Sie zeigt in erstaunlicher Klarheit die Gewalt zwischen Menschen auf und beschönigt nichts: Die Menschheitsgeschichte ist eine Geschichte der Gewalt, weil sich, so die theologische Deutung der Bibel, der Mensch von Gott abgewandt hat. Der allein auf sich bezogene Mensch lebt seinen Egoismus notfalls auch mit Gewalt aus, sogar mit überbordender, wie es Lamech und Simson zeigen.

Die Hebräische Bibel aber lässt es dabei nicht bewenden: Im Bundesbuch und im Heiligkeitsgesetz, also in zwei zentralen Texten der Tora, der inneren Mitte der ganzen Hebräischen Bibel und damit des jüdischen Glaubens, wird versucht, Gewalt einzudämmen und auf das damals notwendig erscheinende Maß einzugrenzen. Die Menschheitsgeschichte, so wird hier deutlich, ist damit ebenso eine Geschichte, wie Gewalt Schritt für Schritt eingegrenzt werden kann. Dies führt unmittelbar zur neutestamentlichen Forderung Jesu in der Bergpredigt nach einem absoluten Ende von Gewalt und einer absoluten Gewaltlosigkeit. Dabei beruft er sich auf das Talionsprinzip:»Ihr habt gehört, dass gesagt worden ist: ›Auge für Auge und Zahn für Zahn.‹ Ich aber sage euch: Leistet dem, der euch etwas Böses antut, keinen Widerstand, sondern wenn dich einer auf die rechte Wange schlägt, dann halt ihm auch die andere hin.« (Matthäus 5,38–39)

Dennoch gibt es in der Bibel eine solche Fülle von Gewalt, dass man sie nicht allein unter dieser Entwicklungsgeschichte einer Eindämmung von Gewalt einordnen kann. Letztlich bleibt die Frage nach dem Bösen, der Gewalt und dem Leid im Menschen und in der Welt und danach, wie Gott Böses, Gewalt und Leid zulassen kann (die Theodizee-Frage) unbeantwortbar – keine Religion der Welt hat hierauf eine überzeugende Antwort gefunden: Das Böse, die Gewalt, das Leid kann im Letzten nicht erklärt werden. Gewiss lassen sich manche Verursacher von Gewalt und Leid ausmachen, aber die Grundfrage der Theodizee, warum diese Welt nicht besser ist und wird, ist nicht beantwortbar. Das Leid erklären geht nicht, wohl aber versuchen die Religionen (in besonderer Weise der Buddhismus mit seiner Ausgangsfrage »Wie kann ich das Leid überwinden?«), dem leidenden Menschen dadurch zu helfen, dass sie zu Solidarität und Mitleid ermuntern und dass sie ihm eine Perspektive über Leid und Tod hinaus aufzeigen.

Zu diesem Gedanken kommen einige weitere Punkte hinzu, die wir im Blick auf die Bibel darstellen, die aber in vergleichbarer Weise auch für die anderen heiligen Bücher der großen Religionen gelten:

- Es gilt, die *Textsorte* (die Sprachgattung) zu beachten: Alle Heiligen Bücher bestehen aus einer Vielzahl sehr unterschiedlicher Textsorten. Darunter sind durchaus einige, die für einen historisch nachweisbaren Zusammenhang von Bedeutung sind (etwa die Königslisten der Hebräischen Bibel). Nur gilt auch: Solche historisch relevanten Texte finden sich relativ selten, oft sind auch historisch erscheinende Erzählungen der Bibel (etwa zum Umfang des davidischen Königsreiches) nichts anderes als theologische Deutungen späterer Zeit. Meist werden in der Bibel Textsorten benutzt, die keine historischen Ereignisse referieren wollen, sondern grundlegende Aussagen über den Menschen und sein Verhältnis zu Gott machen. Nicht die Schilderung von damals real ausgeübter Gewalt ist zum Beispiel in der Kain-Erzählung das erzählerische Ziel, sondern die bildhafte und deshalb in mythologischer Sprache geformte Aussage über die Anlage von Aggression und Gewalt im Menschen. Diese Anlage allerdings kann auf jede Zeit und Kultur der Menschheit bezogen werden – die Bibel ist in solchen Aussagen ein menschheitsrelevantes Buch.

- Viele Texte der Bibel sind *Rachefantasien unterdrückter Menschen*: Manches an solchen Gewalttexten entsteht aus der Ohnmacht der Marginalisierten, die sich damit zumindest verbal gegen die erdrückende Macht anderer wehren. Das Volk Israel befand sich oft genug in der Situation des wehrlosen Opfers, das der übermächtigen Gewalt fremder Mächte ohne Chance einer Gegenwehr ausgesetzt war. In Texten wie etwa dem bereits erwähnten Psalm 137 (vgl. Seite 41) gegen den Unterdrücker Babel, aber auch in anderen Rachepsalmen, findet sich diese verzweifelte Ohnmacht wieder, etwa: »Wenn er die Vergeltung sieht, freut sich der Gerechte; er badet seine Füße im Blut des Frevlers.« (Psalm 58,11) Vor allem aber hofft der Beter der Psalmen darauf, dass sich Gott selber als ein Anwalt der Armen (damit des armen beziehungsweise machtlosen Israel) erweist und als Rächer auftritt: »Mein Gott ist der Fels meiner Zuflucht. Er wird ihnen ihr Unrecht vergelten und sie wegen ihrer Bosheit vernichten.« (Psalm 94,22–23).

- In vielen Texten der Bibel dient Gewalt als *Verteidigung*, als gewaltsamer Widerstand gegen Unrecht und innere oder äußere Bedrohung: Oft, ja meist war das kleine Israel in der Rolle des Schwachen und glaubte, nur mit Gewalt den Bestand des Volkes und seine religiösen und kulturellen Traditionen wahren zu können (vgl. etwa die Judit-Holofernes-Erzählung in Judit 13). Und im heutigen Israel wird ähnlich argumentiert und gehandelt. Aus dieser Sicht wird der Kampf gegen andere Völker und Religionen verständlich, aber keineswegs gerechtfertigt.

• Wichtig ist bei der Beurteilung von Gewalttexten der Bibel auch das *Gottesbild*: Das Gottesbild der Hebräischen Bibel besteht aus vielen Facetten, es ist ein Gottesmosaik aus unterschiedlichen Erfahrungen. Dabei erscheint Gott den Menschen oft als nah und hilfreich, aber ebenso als fern und unfassbar. Dies scheint sogar der wesentliche Zug Gottes zu sein, dass er der Undurchdringliche, der Gewaltige, der Hocherhabene ist und immer größer bleibt als jede menschliche Vorstellung von ihm. Mose begegnet Gott im Feuer des brennenden Dornbuschs, ein Symbol für diese Unnahbarkeit und Unverfügbarkeit Gottes. Er erfährt wenig später das Wort Gottes an ihn: »Du kannst mein Angesicht nicht sehen ... du wirst nur meinen Rücken sehen.« (Ex 33,23) Es bleibt angesichts dieses vielgestaltigen Gottes zu fragen, was die Kernaussage der gesamten Bibel über ihn ist und was weniger bedeutende Nebenaspekte, vielleicht auch Projektionen, Sehnsüchte, Übertragungen von Menschen. Dieser Kern erscheint eindeutig: Er ist ein Freund des Lebens (Weisheit 11,26), nicht des Todes, ein Gott, der in seiner Weisung (Tora) ein friedliches und gerechtes Zusammenleben der Menschen fordert. Deshalb kann sich die in der Bibel geschilderte Gewalt letztlich nicht auf Gott berufen. Auf dieses Thema Gottesbild werden wir im dritten Kapitel zurückkommen (vgl. Seite 130) – es ist einer der Schlüssel zur Überwindung der Gewalt.

Was für die Bibel gilt, gilt in durchaus vergleichbarer Weise für den Koran. Auch im Koran gibt es viele Verse, die Gewalt benennen oder gar zur Gewalt auffordern. Dazu nur ein Beispiel, das eine scharfe Aussage macht: »Und bekämpft sie, bis kein Aufruhr bleibt, und die Religion Gottes ist (= allein der Islam).« (Sure 8,39) Fordert dieser Koranvers einen militärischen oder gar terroristischen Kampf, bis alle Menschen zur »Religion Gottes«, das heißt zum Islam bekehrt sind? Gilt die Mission mit Feuer und Schwert nicht nur für christliche Mission, sondern auch für die islamische? Man muss – wie immer – genauer hinsehen und darf diesen Vers nicht aus seinem Zusammenhang reißen.

Sure 8 entstand in der medinischen Zeit Mohammeds in einem unmittelbaren Zusammenhang mit der Schlacht von Badr im Jahr 624, wo die Muslime aus Medina durch ein übermächtiges Heer der Quraisch aus Mekka bedroht wurden und ihr Untergang bevorstand. Doch wunderbarerweise (für den Glaubenden durch die Führung Gottes) siegte das viel kleinere Heer der Muslime – dem Sieg des »kleinen« David gegen den »Riesen« Goliat vergleichbar. Die »Religion Gottes« war durch Kampf gerettet. Dieser und ähnliche Verse sind an die damalige historisch einmalige Situation gebunden und dürfen nicht unkritisch auf andere Zeiten, etwa auf die heutige, übertragen werden.

Genau dies wird von fundamentalistischen Muslimen bestritten. Wie alle Fundamentalisten – auch im Judentum, Christentum, Hinduismus und Buddhismus – nehmen sie einzelne Sätze ihres Heiligen Buches und behaupten die absolute und wörtliche Geltung jedes Verses, ohne den Gesamtzusammenhang einer solchen Aussage und den inneren Kern, die inhaltliche Mitte ihrer Heiligen Schrift zu bedenken – Koranverse sind ihnen unmittelbare Handlungsanleitung.

Eine innere Mitte sowohl des Korans wie der jüdisch-christlichen Bibel lässt sich dagegen übereinstimmend wie folgt definieren: Gott ist der Barmherzige, der Erbarmer (vgl. den Eingangsvers jeder Sure im Koran), der Befreier (vgl. die Exodustradition in der Tora), der liebe Vater (vgl. das Gleichnis Jesu vom guten Vater). Gott zeigt sich als Gott des Lebens, nicht als Gott des Todes. Er steht auf der Seite des gewaltlosen Abel, nicht auf der des mordenden Kain. Er ist kein Gott der unerbittlichen Rache, sondern ein Gott der Vergebung und Versöhnung. Und aus diesen Gottesvorstellungen folgt der Anspruch an die Menschen, den Frieden höher zu stellen als den Krieg, der nur zur Selbstverteidigung erlaubt sein mag. Der scharfen Aussage der Sure 8,39 folgt übrigens nur wenig später eine bedeutsame Einschränkung: »Und wenn sie dem Frieden zuneigen, neige du auch ihm zu und vertrau auf Gott.« (Sure 8,61) Das und nichts anderes ist der innere Kern der Religionen.

Im Menschen verankerte Aggressivität, fundamentale Angst, die Auffassung, allein die Wahrheit zu besitzen, Macht im Namen Gottes und schließlich Entwicklungsverweigerung – dies sind fünf von vielen Aspekten, die als Gründe für Gewalt angeführt werden können, auch für Gewalt innerhalb der großen Religionen.

Doch wie ist all dem zu begegnen? Wie lässt sich Gewalt überwinden, oder zumindest eingrenzen, im Zaum halten, wie lassen sich Gewalttendenzen kontrollieren? Wie kann im Kontrast dazu Liebe, Frieden, Gerechtigkeit gelebt werden? Wie können die Gläubigen der drei abrahamitischen Religionen zu einer Welt im Sinne Jahwes, Gottes, Allahs gelangen, wie kann sich dieses Bemühen auch mit dem der Anhänger der östlichen Religionen vereinen? Dies wird nun zum Thema des dritten Kapitels: Was können wir nach dem Wahrnehmen der Realität von Gewalt (Kapitel 1) und nach dem Erforschen der Gründe für Gewalt (Kapitel 2) tun?

Handeln

Von der Überwindung der Gewalt ...
durch den Dialog
der Religionen

Die Religionen gehören abgeschafft, weil sie nur Unheil bringen«, so forderte der Musiker Elton John. Und wenn man ganz realistisch auf die Kriminalgeschichte der großen Weltreligionen schaut, dann ist man geneigt, dem zuzustimmen, wäre da nicht auch die große Geschichte glaubender Menschen in Christentum, Judentum und Islam, die Frieden und Gerechtigkeit, Liebe und Menschenfreundlichkeit vorbildhaft gelebt haben. Religionen bestehen aus Sündern und Heiligen, und wohl fast alle Menschen sind irgendetwas dazwischen. Die Kritik jedoch an einer Praxis der Gewalt auch in den Religionen hat uns zur Frage nach möglichen Gründen geführt, fünf haben wir beispielhaft benannt: Aggressivität, Angst, der Glaube, allein im Besitz der Wahrheit zu sein, Machtstreben und schließlich Entwicklungsverweigerung.

Es bleibt nun nach all dem die Frage: Was tun? Wie können die Ströme der Gewalt auch in den Religionen eingegrenzt werden? Wie können wir die Gewalt beherrschen? Wie können wir statt in den »Heiligen Krieg« zu ziehen, den »Frieden auf Erden bei den Menschen«, wie es in der Kindheitsgeschichte des Lukas heißt, erfahren, leben, fördern?

Jeder vernünftige Mensch will natürlich den Frieden, aber jeder will in der Regel den Frieden zu seinen Bedingungen und in seinen Vorstellungen. Doch für Frieden gilt das Gleiche wie für die Freiheit: Meine eigene Freiheit ist immer die Freiheit des anderen; mein eigener Friede ist immer der Friede des anderen. Menschen sind sozial eingebundene Wesen, niemand lebt auf einer Insel, unabhängig von anderen. Deshalb muss auch der Friede im Zusammenwirken möglichst vieler geschaffen werden. Der Friede fängt bei jedem Einzelnen an. Wie aber kann er gelingen?

Ein Buch kann naturgemäß keine Rezepte für menschliches Handeln vermitteln. Hier sind nur Denkanstöße möglich, die bedacht und auf die je eigene Lebenssituation hin angewendet werden können. Zu unterschiedlich sind die Lebensbedingungen einzelner Menschen, von Menschengruppen und erst recht von Völkern und Kulturen, als dass es ein Patentrezept für alle geben kann. Somit sind nur Stichworte möglich, die für eigenes Denken, Reden und Handeln fruchtbar gemacht werden können – dieser Band ist mit seinen vielschichtigen Erörterungen und Argumenten ein Diskussionsbeitrag, nicht mehr. Wir beginnen dabei mit sieben exemplarischen Menschen, die in herausragender Weise unterschiedliche Aspekte des Friedens verwirklicht haben. Dabei greifen wir zum einen auf unterschiedliche Kulturkreise und Religionen zurück, um die leidige europazentrierte Denkweise zu überwinden. Zum anderen greifen wir nicht auf Personen früherer Zeitalter zurück, sondern auf Gestalten des 20. Jahrhunderts und unserer Gegenwart und zudem auf Personen, die alle in den letzten Jahren mit dem Friedensnobelpreis ausgezeichnet wurden – mehr Vorbild für ein Handeln in unserer Zeit geht nicht. Es sind:

- *Judentum:* Elie Wiesel (Friedensnobelpreis 1986),
- *Christentum:* Martin Luther King (1964),
- *Islam:* Malala Yousafzai (2014),
- *Hinduismus:* Kailash Satyarthi (2014),
- *Buddhismus:* Dalai Lama (1989),
- *China:* Liu Xiaobo (2010)
- *Japan:* Sato Eisaku (1974).

Damit sind sieben herausragende Persönlichkeiten ausgewählt, die jeweils auf unterschiedlichem kulturellen und religiösen Hintergrund unterschiedliche Aspekte des Friedens deutlich werden lassen:

Sieben Friedensnobelpreisträger

Elie Wiesel (1928–2016) war ein jüdischer Publizist aus Rumänien. Wiesel wurde als 16-Jähriger von den Nationalsozialisten zusammen mit seiner Familie nach Auschwitz, später nach Buchenwald deportiert. Er überlebte die Vernichtungslager, studierte in Paris und wurde nach seinem Studium Berichterstatter für französische und israelische Zeitungen. 1956 ging er nach New York und arbeitete bei den Vereinten Nationen. In seinem reichen, von orthodox-jüdischem Hintergrund geprägten publizistischen Werk verarbeitet

Wiesel seine persönlichen Erinnerungen an die Shoah, doch beachtete er auch über die Lebenswelt der Juden hinaus die Notsituationen anderer Völker (etwa Afrika, Kambodscha). Seit 1972 lehrte Wiesel in New York Philosophie und Judaistik, sein wichtigstes Thema blieb der Holocaust, den er als Mahnung für Frieden unter den Völkern und als Fanal gegen Unmenschlichkeit empfand. Aus Auschwitz und Buchenwald müsse die Menschheit lernen, aber so sein Fazit im Jahr 2009 bei einem Besuch Buchenwalds zusammen mit dem amerikanischen Präsidenten Obama: »Die Welt hat nichts gelernt – wie könnte es sonst ein Darfur, ein Ruanda, ein Bosnien geben?« Den Friedensnobelpreis erhielt Wiesel 1986 auf Vorschlag des Deutschen Bundestages für sein langes Wirken im Sinne der Verständigung und des Friedens und seinen Einsatz gegen Gewalt, Rassismus und Ausbeutung.

Martin Luther King (1929–1968), ursprünglich Michael King, entstammte einer farbigen Baptistenfamilie in Atlanta, USA, sein Urgroßvater war noch Sklave gewesen. Als sein Vater 1934 auf einer Europareise auch Deutschland kennenlernte, änderte er nach seiner Rückkehr seinen Namen und den seines Sohnes in Martin Luther King – aus Verehrung für den deutschen Reformator. In seiner Kindheit und Jugend erlebte King die eklatante Diskriminierung und Benachteiligung des farbigen Bevölkerungsanteils von Amerika als himmelschreiende Ungerechtigkeit – hier liegt der Beginn seines Engagements für gleiche Bürgerrechte aller Bürger. Er studierte Soziologie, später auch Theologie an der einzigen Hochschule für Schwarze in den Südstaaten der USA und wurde zugleich baptistischer Hilfsprediger. Geprägt haben ihn das Vorbild Mahatma Gandhis und dessen Eintreten für Gewaltlosigkeit. Sein eigener erster Einsatz führte ihn 1955 in die Stadt Montgomery, wo eine schwarze Bürgerrechtlerin bestraft wurde, weil sie in einem Bus einen Sitzplatz für Weiße nicht freigemacht hatte. King koordinierte den folgenden Busboykott durch die schwarze Bevölkerung, der 385 Tage dauerte und schließlich zu einem Sieg der Bürgerrechtsbewegung führte. Kings Pfarrhaus allerdings wurde zweimal durch eine Bombe zerstört, er überlebte mit seiner Familie die Attentate. Seit Montgomery widmete King seine Zeit vor allem der Bürgerrechtsbewegung, er blieb allerdings zusammen mit seinem Vater Pfarrer einer baptistischen Gemeinde in Atlanta. Immer wieder nahm King an gewaltfreien Aktionen im Süden der Vereinigten Staaten teil, wurde immer wieder verhaftet und mit Gefängnisstrafen belegt. Schritt für Schritt und mit der Unterstützung des seit 1960 amtierenden Präsidenten John F. Kennedy (1917–1963) konnte die Situation der schwarzen Bevölkerung verbessert werden. Mit seiner Rede *I have a dream* im Jahr 1963 beim »Marsch für Arbeit und Freiheit« in Washington gab er programmatisch die Zielsetzung einer gerechten und freien Gesellschaft vor. Unter Kennedys Nachfolger Johnson und bedingt durch Kings Protest gegen den Vietnamkrieg verschlechterte sich das Verhältnis zur Regierung. King konzentrierte sein Wirken 1968 auf soziale Gerechtigkeit (Poor Peoples March) und hielt am 3. April 1968 seine im Nachhinein als Abschiedrede verstandene Ansprache *I've been to the mountaintop* in Memphis, das Programm einer umfassenden Hoffnung. Einen Tag später wurde er durch einen weißen Rassisten ermordet. Martin Luther King erhielt 1964 den Friedensnobelpreis wegen seines Einsatzes für Menschenrechte aller in den USA und weltweit.

Malala Yousafzai (*1997) wurde 2015 zur jüngsten Friedensnobelpreisträgerin der Geschichte. Das paschtunische Mädchen stammt aus dem Swat-Tal in Nordwestpakistan, eine Region, die vom Terror der ebenfalls paschtunischen Taliban heimgesucht wird. Seit dem Jahr 2004 hatten die Taliban die Vorherrschaft in diesem Gebiet, zunehmend begannen sie Mädchenschulen zu zerstören und Mädchen am Schulbesuch zu hindern. Als Elfjährige wurde Yousafzai durch ein BBC-Interview bekannt, in einem Blog berichtete sie anschließend anonym über die Gräueltaten der Taliban in ihrer Heimat. Doch ihre Identität wurde aufgedeckt, am 9. Oktober 2012 wurde Yousafzai durch ein Attentat der Taliban schwer verletzt, die Taliban begründeten dies mit Yousafzais international beachtetem Einsatz für die Bildung von Mädchen und Frauen. Sie wurde zur medizinischen Behandlung nach England ausgeflogen. Eine Fülle von Ehrungen erreichte das Mädchen, das in der Folge weltweit Bildung als wesentlichen Beitrag zum Frieden propagierte: Internationaler Kinder-Friedenspreis, Sacharow-Preis, Europäischer Menschenrechtspreis (alle 2013), schließlich 2014 der Friedensnobelpreis für ihren Kampf gegen die Unterdrückung von Kindern und für das Recht aller Kinder auf Bildung.

Kailash Satyarthi (*1954), ein indischer Ingenieur und Hochschullehrer aus Bhopal im Bundesstaat Madhya Pradesh, setzt sich in vergleichbarer Weise wie Yousafzai für das Recht von Kindern auf Ausbildung ein. Damit greift er die UN-Kinderrechtskonvention von 1989 auf, in der zehn Grundrechte der Kinder ausdrücklich genannt werden. Das vierte dieser Grundrechte ist das auf Bildung und Ausbildung (Artikel 28). Satyarthi wurde 1980 Generalsekretär der indischen Nichtregierungsorganisation »Front gegen Schuldknechtschaft«, die die Verstrickung von Kindern in die Schuldknechtschaft ihrer Eltern verhindern will. Außerdem engagiert sich Satyarthi gegen Kinderarbeit, für umfassende Bildung und fairen Handel. Bekannt wurde Satyarthi vor allem durch seine Kinderhilfsorganisation BBA (*Bachpan Bachao Andolan* – »Rettet die Kindheit«). Zusammen mit Malala Yousafzai erhielt Kailash Satyarthi den Friedensnobelpreis des Jahres 2014 für seinen Kampf gegen die Unterdrückung von Kindern und Jugendlichen.

Dalai Lama (eigentlich Tendzin Gyatsho, * 1935), in Amdo, Osttibet, in der Nähe des bedeutenden Klosters Kumbum geboren, ist buddhistischer Mönch der tibetischen Gelbmützenschulrichtung. Bereits im Alter von zwei Jahren wurde er als Wiedergeburt des 1933 verstorbenen XIII. Dalai Lama erkannt und als Fünfjähriger 1940 in Lhasa als XIV. Dalai Lama (= »Ozeangleicher Lehrer«) inthronisiert, als geistliches und (ab 1950) politisches Oberhaupt Tibets. Es folgten die Besetzung Tibets durch chinesische Truppen und das »17-Punkte-Abkommen« von 1951, in dem der Dalai Lama den Chinesen erhebliche Zugeständnisse machte, um die vollständige Zerstörung der tibetischen Kultur und Religion zu verhindern. Trotzdem nahm die Unterdrückung der Tibeter durch die kommunistische Partei Chinas und durch das chinesische Militär zu. Die Folge war ein Aufstand der Tibeter im März 1959; der Dalai Lama floh zusammen mit vielen Tibetern, Mönchen wie Laienfamilien, in das nordindische Daramshala, wo er seitdem in einem neu errichteten tibetischen Zentrum lebt und lehrt. Von Daramshala aus reist der Dalai Lama immer wieder in alle Welt, er begegnet den Oberhäuptern anderer Religionen (etwa dem Papst, mit diesem zusammen vereint im Weltfriedensgebet von Assisi im Jahr 1986), er setzt sich in seinen Reden, Büchern und im persönlichen Dialog für Toleranz, Vielfalt und ein friedliches Miteinander der Menschen ein, das nach seiner Meinung nach das innerste Ziel aller Religionen ist. Tendzin Gyatsho wurde so in den Augen nicht nur von Buddhisten, sondern von Menschen weltweit eine moralische Instanz und ein Botschafter der Friedens. Er unterstützt die internationale Kampagne zur Abschaffung von Atomwaffen und die Abrüstung weltweit. Was sein Heimatland Tibet betrifft, so setzt er sich nach wie vor für eine friedliche Lösung mit China ein und verzichtete im Jahr 2011 auch auf seine Stellung als Oberhaupt der tibetischen (Exil-)Regierung; er versteht sich nunmehr ausschließlich als geistliches Oberhaupt der Gelbmützenschule des tibetischen Buddhismus. Dem Dalai Lama wurde 1989 der Friedensnobelpreis verliehen im Blick auf seinen Einsatz für den Frieden und für sein tibetisches Volk.

Liu Xiaobo (*1955–2017), chinesischer Schriftsteller und Menschenrechtler, wurde in der nordchinesischen Stadt Changchun (Provinz Jilin) geboren. Liu wurde durch die Erfahrung der Kulturrevolution (1969–1973) geprägt, als seine Familie in ein Bauerndorf der inneren Mongolei vertrieben wurde. Danach studierte er Literatur (1977–1988). Er beteiligte sich an den Studentenprotesten im Juni 1989 auf dem Beijinger Tian-An-Men-Platz, die von der Regierung gewaltsam unterdrückt wurden. Dies brachte ihm eine zweijährige Gefängnisstrafe ein. Wegen seines fortwährenden Einsatzes für die Demokratiebewegung in China wurde er 1995 wieder inhaftiert und lebte danach in Beijing als freier Schriftsteller, dessen Werke allerdings nur im Ausland publiziert werden konnten. Im Jahr 2008 entstand die »Charta 08«, die Menschenrechte und Demokratisierung in China einforderte und von zuerst 300, dann von mehr als 5000 Intellektuellen Chinas unterzeichnet wurde – als ihr Hauptverfasser wird Liu angesehen. Freiheit, Gleichheit und Menschenrechte werden in dieser Charta als universelle Werte der Menschheit verstanden, größere Meinungsfreiheit wird eingefordert, dazu freie Wahlen auch mit unabhängigen, nicht von der kommunistischen Partei abhängigen Kandidaten. Nach der Veröffentlichung dieses Manifests wurde Liu ab Dezember 2008 erneut inhaftiert und im Jahr 2009 zu elf Jahren Haft verurteilt. Hin und wieder gelang es Liu Xiaobo, Texte aus dem Gefängnis zu schmuggeln, die zeigen, dass er trotz erbärmlicher Lebensbedingungen nicht gebrochen ist und weiterhin auf eine demokratische Wende in China hofft (»Es gibt Hoffnung auf ein freies China« – »Ich habe keine Feinde, ich kenne keinen Hass«). Als im Herbst 2010 bekannt wurde, dass Liu Xiaobo den Friedensnobelpreis wegen seines mutigen und gewaltfreien Einsatzes für Freiheit und Menschenrechte in China erhalten soll, folgte eine Kampagne der chinesischen Regierung gegen ihn und das Nobelpreiskomitee; Liu konnte den Preis nicht persönlich in Empfang nehmen, seine Frau Liu Xia tat dies stellvertretend für ihn, unterliegt aber seitdem in China ebenfalls einem Hausarrest, was einem Gefängnisaufenthalt nahezu gleichkommt. Liu Xiaobo starb 2017, ohne aus der Haft entlassen worden zu sein.

Sato Eisaku (1901–1975), japanischer Politiker und Ministerpräsident Japans von 1964–1972. In seiner Regierungszeit setzte er sich besonders für die Abrüstung von Kernwaffen ein und sorgte dafür, dass Japan dem Atomwaffensperrvertrag beitrat. Sato (= Familienname) stammte von der japanischen Südinsel Kyushu, studierte aber in Tokio Jura und arbeitete danach im japanischen Eisenbahnministerium. Er verließ 1948 die Beamtenlaufbahn und erhielt als Mitglied der Demokratisch-Liberalen Partei verschiedene politische Positionen. Sein Bruder Nobusuke Kishi wurde 1958 japanischer Premierminister, Sato Eisaku wurde Minister für Handel und Industrie, dann für Wissenschaft und Technik und damit zuständig für die Nutzung der Atomenergie in Japan.

Als Premierminister bewirkte er eine Verständigung mit den USA über die Rückgabe der im Weltkrieg besetzten Ryukyu-Inseln an Japan und wurde damit zu einem Vorreiter einer japanisch-amerikanischen Verständigung und einer den ganzen pazifischen Raum umfassenden Friedenspolitik. Obwohl er auf der einen Seite den USA die Stationierung von Atomwaffen auf japanischem Territorium erlaubte (als Schutz gegen das kommunistische China), trat er zunehmend als Vertreter der Abrüstung, vor allem der atomaren Abrüstung auf. In diesem Zusammenhang steht auch der Verzicht Japans auf eigene Atomwaffen und der Beitritt zum Atomwaffensperrvertrag, den Sato zu veranworten hat. 1974 erhielt er für seine Friedenspolitik im pazifischen Raum und seinen Einsatz gegen Atomwaffen den Friedensnobelpreis.

Der Dialog der Religionen

Sieben herausragende Gestalten aus unterschiedlichen Kulturkreisen und in unterschiedlichen Religionen beheimatet beziehungsweise von den verschiedenen Hochreligionen inspiriert – das sind einige von vielen Beispielen für die Verwirklichung von »Frieden auf Erden«. Die Schwerpunkte der genannten Gestalten waren beziehungsweise sind unterschiedlich: vom Einsatz für Bildung als Beitrag zum Frieden über den Einsatz für Menschenrechte als Voraussetzung eines friedlichen Zusammenlebens bis zum Einsatz gegen Kriegswaffen und für Abrüstung, ein unmittelbares Wirken für eine friedlichere Welt.

Die verschiedenen kulturellen und religiösen Hintergründe der sieben Personen verweisen darauf, dass die Verwirklichung von Frieden in der globalisierten Welt von heute nur in gemeinsamem Bemühen der unterschiedlichen Kulturen und Religionen zu erreichen ist. Der Theologe Hans Küng (* 1928) hat in drei bahnbrechenden Werken die vorderorientalischen Religionen Judentum, Christentum und Islam in ihren Grundzügen untersucht. Den großen Band zum Islam beginnt er mit dem programmatischen Wort:

»Kein Friede unter den Nationen
ohne Frieden unter den Religionen.
Kein Friede unter den Religionen
ohne Dialog zwischen den Religionen.
Kein Dialog zwischen den Religionen
ohne Grundlagenforschung in den Religionen.«

Es muss in der heutigen Zeit darum gehen, über die Grenzen der eigenen kulturellen und religiösen Heimat hinaus zu schauen, in einen die Völker, Kulturen und Religionen übergreifenden Diskurs einzutreten – nur so wird Friede möglich sein. Der Weg zu einem umfassenden Frieden erscheint nur dann gangbar, wenn die einzelnen Gesellschaften die einengende Sicht des »Ich«, des Bezuges allein auf sich selbst, überwinden und zur Sicht eines »Wir« kommen, bei dem sich Menschen ohne Unterschied von Rasse, sozialem Stand und Religion als die eine Menschheitsfamilie verstehen.

Der Gedanke der alle umfassenden Einheit ist vom persischen Sufi-Dichter und islamischen Mystiker Scheich Mahmoud Schabistari (1288–1340) in seinem Hauptwerk Golschan-e-Raz (»Der geheime Blumengarten«) bildhaft ausgedrückt worden:

»›Ich‹ und ›du‹ bündeln Licht
wie ein Lochmuster,
das man in einen Lampenschirm schneidet.
Aber es gibt nur Ein Licht.
›Ich‹ und ›du‹ werfen einen dünnen Schleier
zwischen Himmel und Erde.
Hebe den Schleier
und alle Glaubenslehren verschwinden.«

(zitiert nach Neil Douglas-Klotz, Die Weisheit der Sufis, München 2007, Seite 95 f.) Diesem islamischen Mystiker ebenso wie christlichen und jüdischen Mystikern und vielen Sadhus des Hinduismus geht es um die Erfahrung einer inneren Einheit, die – aus ihrer Sicht – alle Religionen verbinden kann. Dies stellt einen Ansatzpunkt nicht nur für den Dialog der Religionen, sondern auch für das Bemühen um Frieden dar.

Denn was ist auf dem Weg zum Frieden zu bedenken? Es geht im Folgenden um zwei Punkte, die den Frieden in einer von Gewalt beherrschten Welt fördern können:

- Die erste, grundlegende Frage ist die nach dem *Gottesbild*. An welchen Gott glauben Juden, Christen und Muslime, wenn sie die Hebräische Bibel, das Neue Testament, den Koran als Maßstab nehmen? Was sind die Gottesvorstellungen der östlichen Religionen? Und im Kontext von Gewalt weiter gefragt: Welche Gottesbilder, Gottesvorstellungen, Gotteserfahrungen fördern Gewalt, welche haben umgekehrt friedvolle Auswirkungen? Welche Postulate zu einem friedvollen Handeln finden sich in den Religionen, ja stimmen in der Botschaft der Religionen überein? Wie lassen sich daher im Dialog der Religionen miteinander Wege finden, um zu einem gewaltfreien und gerechten Miteinander zu kommen? Es geht um den Beitrag der Religionen zum Frieden in der Welt.
- In einem zweiten Schritt geht es um *Thesen, wie wir handeln können* und als glaubende Menschen auch handeln sollen und müssen. Dies sind Postulate, Handlungsanregungen, die friedensfördernd sind und die – in unterschiedlichen Situationen eingesetzt – Gewalt eindämmen und überwinden helfen. Solche praktischen Hinweise sind naturgemäß keine Rezepte, sondern als Impulse zu eigenem Denken und Handeln zu verstehen – nicht mehr, aber auch nicht weniger.

Beide Punkte könnten breit in eigenen Publikationen dargelegt werden (vgl. meinen Band »Gott neu lernen. Mein Weg mit den Religionen der Welt«, Norderstedt 2020[2]). Hier aber geht es um eine übersichtliche und kompakte Darstellung, die deshalb jedoch nicht in der eigentlich nötigen Differenzierung geschehen kann.

Die Frage nach Gott

Bei seinem Türkeibesuch am 30. November 2006 hat Papst Benedikt mit einem Zitat aus alter Zeit mehr Fingerspitzengefühl bewiesen als im September des gleichen Jahres in Regensburg mit dem Zitat des byzantinischen Kaisers Manuel (vgl. Seite 15). In Istanbul zitierte er in der Sultan-Ahmed-Moschee (»Blaue Moschee«) Papst Gregor VII., der um das Jahr 1080 zu einem muslimischen Prinzen aus Nordafrika sagte: »Wir glauben und bezeugen den einen Gott, wenn auch in verschiedener Weise.« Dieses Zitat an dieser Stelle gewann seine besondere Bedeutung dadurch, dass es in Anwesenheit der höchsten islamischen Geistlichen Istanbuls gesprochen wurde. Zusammen mit diesen rief der Papst zu Frieden in der Welt und zu Respekt sowie Toleranz zwischen den Menschen und Religionen auf. Seinen Respekt vor den Muslimen ließ Benedikt auch dadurch erkennen, dass er in dieser Moschee, immerhin der Hauptmoschee in Istanbul, in Gebetshaltung verharrte. Ein heiliger Ort – ein gemeinsamer Gott – ein gemeinsames Gebet um Frieden und Toleranz.

Der vom Papst zitierte Satz hat im Blick auf die Frage nach Religion und Gewalt hohe Bedeutung. Denn wie oft noch wird im Islam und im Christentum vom Gegensatz zwischen den »Gläubigen« der eigenen Religion und den »Ungläubigen« der anderen Religionen gesprochen – eine Unterscheidung, die zu unheilsamer Trennung und oft genug zu Gewalt führt. Die Erkenntnis, dass die religiösen Formen und die Bekenntnisse der Religionen zwar verschieden sind, sich aber alle an den einen und einzigen Gott richten, hat höchste Relevanz für den Dialog der Religionen im Blick auf Verständigung und Frieden.

Das Gottesbild, das die Bibel und der Koran zeichnen, ist keineswegs einheitlich, sondern besteht aus vielen Facetten, vielen Gottesvorstellungen, vielen Gotteserfahrungen, die Menschen zu unterschiedlicher Zeit, in unterschiedlicher Kultur und in unterschiedlichen Lebenssituationen gemacht haben. Die Worte der Bibel und des Korans sind – auch wenn Muslime das im Blick auf den Koran anders sehen – keineswegs so einfach vom Himmel gefallen, sondern kommen von Menschen, die ihre Erfahrungen mit Gott, mit Gut und Böse, mit Frieden und Gewalt, mit Leben und Tod reflektieren. So können sie angesichts der Schönheit der Welt in Psalm 104 jubeln über den Schöpfer, sie können angesichts unermesslichen Leids in bitterste Klage verfallen wie Ijob, sie können in großem Vertrauen Gott als den treu sorgenden Hirten ansehen wie in Psalm 23 oder ihn als brutalen Rächer anrufen, wie der bereits zitierte Beter des Psalms 137 es tut.

Im Koran ist es nicht anders, auch da finden wir eine große Vielfalt von Gotteserfahrungen, die sich in den neunundneunzig bekannten Namen Gottes widerspiegeln, mit denen Allah im Islam verbunden wird. Da steht der Barmherzige, der Allerbarmer, der sich gnädig zuwendet (Sure 2,37; 59,22 ...), neben dem Richter, der abrechnet (Sure 4,6; 33,39), ja, der sich rächt (Sure 32,22; 43,41). Er ist der Freund und das Licht, das rechtleitet, aber auch der, der Schaden bringt. Vor allem aber ist er der Undurchdringliche, der Gewaltige, der Erhabene, und sein hunderster Name, der entscheidende, ist den Menschen sogar unbekannt. Das nämlich ist die durchgehende Erfahrung der Muslime, dass Gott immer größer bleibt als jede menschliche Vorstellung von ihm.

Die Hebräische Bibel sieht dies genauso: Mose, der im Symbol des Feuers eines brennenden Dornbusches dem Geheimnis Gottes begegnet ist, muss später das Wort Gottes hören: »Du kannst mein Angesicht nicht sehen; denn kein Mensch kann mich sehen. Du wirst (nur) meinen Rücken sehen.« (Exodus 33,20.23) Jesus sagt dazu in vergleichbarer Weise: »Mein Vater ist größer als alle. Ihr habt weder seine Stimme gehört noch seine Gestalt gesehen.« (Johannes 10,29; 5,37)

Trotz dieses Grundsatzes der Verborgenheit und Unnahbarkeit Gottes sind Bibel und Koran voller Bildworte über Gott. Menschen brauchen den Austausch, das gemeinsame Fragen und Suchen, das unentwegte Suchen danach, die Erfahrungen mit Gott in menschliche Sprache zu bringen. Dass ein solches Sprechen über Gott immer bildhaft, metaphorisch, symbolisch bleibt, wird oft übersehen. Dennoch gilt: Das Sprechen über Gott und das Sprechen mit Gott (in Gebet und Meditation) bleiben unverzichtbar.

Ein solches Sprechen über Gott finden wir auch in den anderen Religionen, manchmal verborgen in einer völlig anderen Begrifflichkeit wie etwa im Buddhismus. Dort wird das unmittelbare Sprechen über Gott und die Götter als für die Befreiung aus dem

Leidenskreislauf irrelevant angesehen, doch Begriffe wie Nirvana oder Shunjata (Leere) stehen durchaus in derjenigen Vollendungs- und Ewigkeitsperspektive, die man von den vorderorientalischen Religionen aus mit Gott verbindet. Ganz abgesehen davon, dass es im Mahayana und Vajrayana eine Fülle von Buddhas und Bodhisattvas gibt, die als Hilfewesen angerufen werden können und göttliche Züge tragen, von den Schutzgottheiten im Tibetischen Buddhismus ganz zu schweigen.

In den als polytheistisch bezeichneten Religionen Hinduismus und Daoismus scheint vordergründig nicht das Sprechen zu einem einzigen Gott das religiöse Leben der Gläubigen zu prägen, sondern eine bunte und fast unüberschaubare Vielfalt von Göttern, die auch das Erscheinungsbild der hinduistischen und daoistischen Tempel prägen. Dennoch kann der Vorwurf »westlicher« Religionen an die »östlichen« Religionen eines unerträglichen Vielgötterglaubens so nicht stehen bleiben. Denn zum einen hat der »normale« Hindu oder Daoist seinen ganz persönlichen Gott, den er mit seinen Ritualen und in seinen Gebeten verehrt. Zum anderen aber – und dies ist im Blick auf die Gottesvorstellung entscheidend – versteht er die vielen Gestalten des Göttlichen im Letzten als die vielen Aspekte des einen Göttlichen, das hinter allem steht beziehungsweise den ganzen Kosmos durchwebt und im Innersten erfüllt.

Wenn es in den Tempeln auch viele Göttergestalten gibt, wenn in Gebeten auch viele Götternamen ausgesprochen werden, wenn die Mythologie auch viele bunte Geschichten aus dem Leben der Götter zu erzählen weiß – so steht hinter allem doch das Eine Göttliche, das letztlich Nichtbenennbare, das tiefste Geheimnis von allem, gleich ob es Brahman oder Dao genannt wird. Und das gilt für alle Religionen, die den einen Gott in vielerlei Gestalt verehren.

Dieses innerste Geheimnis von allem aber, und das ist für unser Thema wichtig, schafft für jeden Einzelnen Geborgenheit und inneren Frieden. Es ermuntert im Hinduismus zu Ahimsa (»Nichtverletzen, Gewaltlosigkeit«) und im Daoismus zur gesellschaftlichen Harmonie entsprechend der umfassenden Harmonie des Kosmos (Yin und Yang), zur Einheit der Zehntausend Dinge im großen Einen.

Trotz der vielen Aussagen der Religionen zu Gott und dem Göttlichen muss man sich bewusst sein, dass Gott Geheimnis ist und bleibt. Er ist jenseits unserer Bilder, größer und tiefer als unser Denken und weiter als alle unsere Worte. Gott begegnet uns zwar als der Nahe und uns Zugewandte, aber diese Nähe und Zuwendung sind grundsätzlich anders als die Nähe und Zuwendung von Menschen um uns herum. So erscheint Gott auch als der Ferne und Unnahbare, der Unfassbare, der Jenseitige, als ein letztes und tiefstes Geheimnis der Welt, das mit menschlichem Forschen nicht zu begreifen ist, aber den Urgrund von allem darstellt.

Wo Gott zugleich als das Gegenüber und als der ganz Andere, als der im alltäglichen Leben Begegnende und als der Unbegreifliche erscheint, da kann der Mensch in letzter Konsequenz angesichts des Rätsels Gottes nur verstummen und schweigen. Das ist der Weg der Mystik und der Meditation, der in allen Religionen zu finden ist.

Der Dalai Lama prägte den Satz: »Das Herz aller Religionen ist eins.« Schaut man darauf, was die innerste Mitte der Religionen ist, so erkennt man in der Tat eine viel größere Einheit des Denkens, der Bezeichnungen und Sprachbilder von einem Unendlichen, gleich ob man es Gott, die Götter, das Göttliche, Nirvana, das Eine oder wie auch immer nennt. Diese gemeinsame Sicht aber verpflichtet die Anhänger der in diesem Sinne vereinten Religionen, diese innere Einheit nun auch in ihrem Leben und Handeln zum Ausdruck zu bringen.

Dabei ist folgender Gedankengang wichtig: Wir können, gleich in welcher Religion, Gott nicht ganz erfassen, ihn nicht umgreifend beschreiben, wir verfügen nicht über ihn. Wir können nur in Bruchstücken Erfahrungen zusammentragen und diese Erfahrungen in Bildern und Symbolen, in Bildworten und Gleichnissen austauschen. So ergibt sich ein Mosaik verschiedener Erfahrungen, ein Gottesmosaik aus so vielen Steinen, wie es Menschen gibt. Dies sind Erfahrungen, die in den unterschiedlichen Religionen trotz verschiedenem sprachlichen, begrifflichen und kulturellen Hintergrund überraschend einheitlich sind – Menschheitserfahrungen also mit dem Urgrund des Lebens, mit Gott – ein Gottesmosaik.

Allerdings nicht alle solche Erfahrungen sind gleichwertig und für alle in gleicher Weise wichtig. Sie mögen im Leben eines jeden Einzelnen völlig authentisch sein, aber sie müssen keineswegs für alle Bedeutung haben. Die Ijob-Erfahrung eines nahezu grenzenlosen Leidens wird (zum Glück) sicher nicht von jedem geteilt. Umgekehrt wird keineswegs jeder (ebenfalls zum Glück) einer Vorstellung eines rächenden und strafenden Gottes folgen können. Deshalb ist es nicht nur berechtigt, sondern notwendig, mit kritischem Verstand die Gottesbilder, die Erfahrungen der Menschen mit Gott und dem Göttlichen, auszuleuchten: Welches Gottesbild führt weiter, hilft leben, lässt das Leben gelingen? Welches Gottesbild ist vorrangig, welches entspricht einer Gesamtlinie, die die heiligen Schriften durchzieht? Welches Gottesbild dient dem Frieden, der Gerechtigkeit, der Vergebung und Versöhnung, einem guten Miteinander der Menschen?

Und umgekehrt, welches Gottesbild ergibt sich wie bei dem um Gottes Rache Betenden aus nachvollziehbaren, aber dennoch keineswegs akzeptablen Gründen auf dem Hintergrund von Erfahrungen von Not, Unterdrückung und Gewalt? Wo gibt es Projektionen, Sehnsüchte, Übertragungen? Wo wird der Erfahrung menschlicher Ohnmacht die Vision eines allmächtigen, rächenden Richters gegenübergesetzt, der natürlich die eigene Seite und nicht die der Fremden zu vertreten hat? Und wo ziehen Menschen aus solchen Gottesbildern Konsequenzen für ihre eigene Lebensführung? Wo führt das Bekenntnis zu einem gewalttätigen Gott zu eigenem gewalttätigen Verhalten? Wo führt die Vorstellung von Feuer und Schwert zu einem Handeln als Krieger dieses Gottes, ein Handeln, das bereits nicht als »Gotteskrieger«, sondern als »Teufelskrieger« qualifiziert wurde?

Es ist nicht zu bestreiten, dass Gewalt und Zerstörung vor allem, aber nicht ausschließlich den monotheistischen Religionen des Vorderen Orients anhaften. Und dass sich manches davon aus den Heiligen Schriften der Bibel und des Korans begründen lässt, ist ebenso nicht zu leugnen. Doch in gleicher Weise ist es nicht zu bestreiten, dass der Mainstream, die Hauptströmung, dieser heiligen Texte eindeutig in eine andere Richtung geht. Die Hauptaussage der Ursprungsurkunden von Judentum, Christentum und Islam, Bibel und Koran also, steht nicht im Kontext von Gewalt, sondern gerade im Kontext der Überwindung von Gewalt und einer Perspektive des gelingenden Lebens in einer von Gott als Ziel gesetzten friedlichen Ordnung.

Das Zehnwort vom Sinai ist ebenso wie entsprechende Vorgaben des Korans eine Richtschnur für alle Menschen, die an Gott glauben. Ein gemeinsames Weltethos, das wurde durch die gleichnamige Stiftung von Hans Küng sichtbar, umfasst überall und in allen Religionen unter anderem ein Tötungsverbot. Der Koran formuliert dazu in unübertrefflicher Weise:»Wenn einer tötet jemanden: es soll sein, als hätte er getötet die Menschen, allesamt. Und wenn einer erhält jemanden am Leben: es soll sein, als hätte er erhalten die Menschen am Leben, allesamt.« (Sure 5,32)

Sichtbar wird dies in der Bibel schon an dem schon erwähnten grundlegenden Mythos von Kain und Abel (vgl. Seite 77), eines Textes, der erzählerisch in eine unbestimmte Anfangszeit gelegt ist, der aber Grundsätzliches über Menschen zu jeder Zeit aussagen will (Gen 4,1–16). Da geht es um den ersten Mord, den Ursprungsmord, der immer wiederkehren wird, es ist gleichsam der Beginn der Gewaltspirale, die menschliches Leben seit den Anfängen prägt. Es geht in diesem Mythos um genau das, was wir als Gründe für Gewalt benannt haben: um ungezügelte Aggressivität, um die Angst, zu kurz zu kommen, um den Anspruch, allein den richtigen Zugang zu Gott zu haben, um Macht über den anderen, um Entwicklungsverhinderung (hier Jäger gegen Bauer).

Man könnte nun erwarten, diesem Ausbruch von Gewalt bei den Menschen würde anschließend – als Strafe – ein vergleichbarer Ausbruch von Gewalt bei Gott entsprechen, Kain also unmittelbar nach dem Mord selber getötet werden; das Talionsprinzip würde dies erfordern (vgl. Seite 111f.).

Doch genau das geschieht nicht: Gott tötet Kain nicht, er macht ihm sogar ein Schutzzeichen, damit er nicht getötet wird:»Darauf machte der Herr dem Kain ein Zeichen, damit ihn keiner erschlage, der ihn finde.« (Genesis 4,15) Das Leben ist Gott so wichtig, dass es die große Schuld des Kain überwiegt. Nicht Blut für Blut, nicht Auge für Auge, nicht Zahn für Zahn – nein, hier am Anfang und damit als prägende Überschrift über alles Folgende der biblischen Erzählungen, damit aber auch der Menschheitsgeschichte, als grundsätzliche Aussage über Gott steht der »Barmherzige, der Lebendige, der Leben schenkt, der voller Vergebung ist, der Inbegriff des Friedens, der Schutzherr«, um einige der hundert islamischen Namen Gottes aufzugreifen.

Gott als Freund des Lebens und nicht des Todes – das ist die durchgehende und die wichtigere Linie der Heiligen Schriften. Hier finden wir den inneren Kern des Gottesbildes in den heiligen Schriften. »Er ist der Lebendige und Beständige«, so sagt es der Koran (Sure 3,2), und deshalb, so spricht Gott, »waren wir gegen die Kinder Adams huldreich« (Sure 17,70), d.h.: Gott sorgt für die Menschen.

»Du schonst alles, weil es dein Eigentum ist, Herr, du Freund des Lebens.« (Weisheit 11,26) Gott ist ein Freund des Lebens, das heißt auch, dass es ihm darum geht, Leben zu ermöglichen. Dies gilt nicht nur am Anfang von allem bei der Schöpfung, sondern es gilt ebenso bei der Erhaltung und Vollendung. Deshalb haben Frieden und Gerechtigkeit, Versöhnung und Überwindung von Schuld, Eingrenzung von Gewalt und Überwindung von Unterdrückung und Not unmittelbar mit Gott zu tun. Deshalb wird Gott in den Aussagen der Bibel immer wieder als der erfahren, der aus Knechtschaft und Leid herausführt, der ein Gott des Exodus ist, der sich dem Volk und jedem einzelnen Menschen als »guter Hirte« (Psalm 23) erweist. Gott erscheint nicht nur in der Erfahrung Jesu und seiner Jüngerinnen und Jünger, sondern auch in der Erfahrung vieler Christen als der »gute Vater«, dessen Arme für jeden offen bleiben – trotz aller Schuld und Gewalt – und der am Ende ein Festmahl feiern wird, zu dem jeder ohne Vorbedingung geladen ist. Gott erscheint aber auch, mit den Worten des Korans, als der »Freigiebige, der Hüter, der Gütige, der Inbegriff des Friedens«. *Schalom* oder *Salam*, das hebräische und arabische Wort für Frieden, ist die Perspektive, die die heiligen Bücher Bibel und Koran in Übereinstimmung zeichnen.

Gegen manch andere Erfahrung, die in Bibel und Koran durchaus auch anklingt, die Hauptaussage dieser Texte und damit des Glaubens von Juden, Christen und Muslimen lautet eindeutig: Gott ist ein Gott des Friedens und nicht des Krieges, ein Gott der Liebe und nicht der Gewalt, ein Gott des Lebens und nicht des Todes. Das ist eindeutig. Aber was folgt daraus? Was folgt daraus für uns und unser Handeln?

Auf zwei Konsequenzen aus diesem gemeinsamen Gottesbild sei hingewiesen, bevor konkrete Postulate für ein Handeln aufgestellt werden:

• Wer an den Gott des Friedens, der Versöhnung und der umfassenden Gemeinschaft glaubt, der ist aufgerufen, selber zum Frieden, zur Versöhnung und zu umfassender Gemeinschaft nach seinen persönlichen Kräften und Charismen beizutragen. Dem Zuspruch des barmherzigen Gottes entspricht der Anspruch Gottes an den Menschen, selber barmherzig zu werden, so wie es in der Feldrede des Lukasevangeliums heißt: »Seid barmherzig, wie es auch euer Vater ist!« (Lukas 6,36) Und am Anfang der Bergpredigt findet sich in den Seligpreisungen Jesu das Wort:»Selig die Barmherzigen, denn sie werden Erbarmen finden.« (Matthäus 5,7) Dem entspricht im Koran: »Denen, die glauben und verrichten gute Werke, lässt der Barmherzige Liebe zuteil werden.« (Sure 19,96)

• Solche Postulate als Anspruch Gottes an den Menschen können das Gefühl einer Überforderung hervorrufen: Wer kann schon immer barmherzig sein? Wer kann schon immer Worte des Friedens und nicht des Zornes sprechen? Wer kann schon immer friedvoll und nicht gewalttätig handeln? Angesichts nicht nur menschlicher Kraft und Begabung mit Charismen, sondern auch menschlicher Schwäche und menschlichen Versagens, das gleichsam wie ein Schatten den Weg des Menschen begleitet, gewinnt eine andere Aussage der Heiligen Schriften an Bedeutung: das Vertrauen auf den Gott, der den Menschen in der Not hält, der ihm durch Rechtleitung (Koran) und Wegweisung (Bibel) weiterhilft, an den sich der Mensch in jeder Situation halten kann.

Diese Grundhaltung des unbedingten Vertrauens auf Gott prägte die Gestalt des Abraham (vgl. Seite 83), der sich von Gott führen lässt und deshalb in ein »Gelobtes Land« kommt. Nicht umsonst ist Abraham – gleich ob geschichtliche Gestalt oder fiktive Persönlichkeit – der Vater des Glaubens für Juden, Christen und Muslime. Die drei abrahamitischen Religionen übernehmen Abraham als Modell des glaubenden und auf Gott vertrauenden Menschen. Vertrauen auf Gott schenkt Kraft zum Leben, Mut zum Neubeginn und unbegrenzte Hoffnung.

Die Gewalt beherrschen

Menschen können, so muss man ganz realistisch sagen, Aggressivität und Gewalt nie ganz aus ihrem Leben verbannen, immer spüren wir diesen Trieb zutiefst in uns selber, immer sind wir selbst bedroht und bedrohen umgekehrt andere. Gewalt ist das unausweichliche Schicksal der Menschheit. Dennoch darf man es dabei nicht belassen, es kann, soll und muss gehandelt werden, um dem Frieden größere Möglichkeiten zu verschaffen als Gewalt und Krieg. Dies ist in mehrfacher Hinsicht in Angriff zu nehmen:

Wir können und dürfen uns bei Gewalt nicht auf Gott berufen. So viel ist im letzten Abschnitt klar geworden:

- Wer sich auf Jahwe, den Freund des Lebens, beruft wie die Juden,
- wer sich auf Gott, den gütigen Vater Jesu Christi, beruft wie die Christen,
- wer sich auf Allah, den Barmherzigen, beruft wie die Muslime,
- wer sein Leben auf die Einheit mit dem All-Einen ausrichtet wie die Hindus,
- wer das Bodhisattva-Ideal des allumfassenden Mitleids bekennt wie die Mahayana-Buddhisten,
- wer die Harmonie von Himmel und Erde, damit aber auch der Menschen in all ihren sozialen Beziehungen, anstrebt wie die Daoisten,

- wer sich also, gleich wie er diesen Gott benennt, an einen liebenden und letzten Sinn gebenden Ursprung von allem bindet, sich von ihm getragen und gehalten weiß, wer sein Ziel in der Vollendung durch diesen Gott sieht,

der kann Gewalt und Schädigung anderer, Krieg und Tod nicht von Gott und seinem Glauben her rechtfertigen.

Der Suchende im Judentum, der Liebende im Christentum, der Hingebende im Islam bindet sich an das tiefste Geheimnis des Lebens. Aber gerade so, aus der Beziehung zu einem Gott des Lebens, der Liebe und des Erbarmens heraus, macht er sich auf den Weg, die Gewalt, die Angst, die Aggressivität, das Machtstreben in seinem Inneren zu beherrschen. Nur so kann Leid überwunden, die Straße des Friedens (vgl. Jesaja 59,8) beschritten werden.

Diese Beherrschung des »wilden Tieres Gewalt« im Menschen kann in erster Linie nicht von außen kommen. Nur von innen heraus, aus seiner Seele, aus seinem Innersten, aus seinem Personenkern – oder wie immer man die geistig-geistliche Mitte des Menschen bezeichnen mag – ist eine Veränderung möglich:

- Die Anhänger der vorderorientalischen Religionen setzen bei diesem Wandlungsprozess im Inneren auf die Hilfe ihres als menschenfreundlich und barmherzig erfahrenen Gottes, dessen Gnade und Rechtleitung einen Weg aus der Spirale der Gewalt weist.

- Viele Anhänger der östlichen Religionen leben aus einem ähnlichen Gottvertrauen, andere wiederum setzen eher auf unterschiedliche Formen von Meditation, um das Ego zu beherrschen, die Lebensgier zu überwinden und so bereit zu werden für Gewaltlosigkeit (»keine Schädigung von Leben«) und inneren Frieden, der die unerlässliche Basis für den äußeren Frieden bildet.

Waffengewalt und militärische Einsätze können im Rahmen einer gerechten Selbstverteidigung als letztes Mittel, wenn alle friedlichen Mittel zur Beendigung von Gewalt und einer Konfliktsituation vergebens sind, gerechtfertigt sein. Doch Waffengewalt und militärische Mittel werden nie einen gerechten Frieden herbeiführen – das haben uns die letztlich als Friedensmission »vergeblichen« Kriege in Afghanistan und im Irak in aller Deutlichkeit gezeigt. Ein gerechter Friede beruht nicht auf Waffen, sondern auf helfenden Händen.

Das hat der dritte Jesaja, ein anonymer Prophet der nachexilischen Zeit in Israel (ca. 5. Jahrhundert v. Chr.), dessen Schrift als Abschluss des biblischen Jesajabuches aufgenommen wurde, sehr deutlich gesehen: In der unruhigen Zeit des Neubeginns nach der Verschleppung der jüdischen Oberschicht ins Exil und deren teilweise Rückkehr ist dieser dritte Jesaja ein Prophet der Hoffnung. Doch steht dem erhofften Neubeginn die Schuld- und Gewaltgeschichte entgegen: »Eure Hände sind mit Blut befleckt, eure Finger mit Unrecht. Eure Lippen lügen, eure Zunge flüstert Worte voll Bosheit.« (Jesaja 59,3) Daraus folgt, so Jesaja: »Den Weg des Friedens kennen sie nicht, auf ihren Spuren gibt es kein Recht. Sie gehen krumme Pfade; keiner, der ihnen folgt, lernt den Frieden kennen. Darum bleibt das Recht von uns fern, die Gerechtigkeit erreicht uns nicht.« (Jesaja 59,8–9)

Wer sich aber auf Gott verlässt, wer von Gottes Weisung her einen neuen Weg beschreitet, wer sich also um eine Umkehr des Herzens und dadurch als Folge um eine Umkehr seines gewalttätigen Handelns bemüht, für den gilt nach dem Propheten die Verheißung: »So spricht der Herr: › Seht her: Wie einen Strom leite ich den Frieden zu ihr [zu Jerusalem als Mitte des Heils] ... Wie eine Mutter ihren Sohn tröstet, so tröste ich euch.« (Jesaja 66,12–13) Eine solche Umkehr der Herzen, eine innere Wende, fasst der Prophet Amos, eine Gestalt des achten vorchristlichen Jahrhunderts im Nordreich Israel, zusammen: »Sucht das Gute, nicht das Böse; dann werdet ihr leben.« (Amos 5,14) Erst der Mensch lebt wahrhaft, der sich dem Guten, dem Frieden, der Gerechtigkeit öffnet – das ist die Botschaft jüdischer Prophetie, die neben Jesaja und Amos besonders Micha ausdrückt.

Wie nun ist eine solche Wende möglich? Wie können Menschen sich so verändern, dass das Gute, nicht das Böse, dass Frieden, nicht Gewalt ihr Handeln bestimmt? Wie bereits gesagt, können hier zwar Postulate, Handlungsanregungen, aber keine allgemein gültigen Rezepte vorgeschlagen werden. Deshalb folgen hier nur einige, mehr stichwortartig zusammengetragene Hinweise. Sie stellen eine Anregung zur Diskussion dar, die jeder und jede in seinem und ihrem Umfeld weiterzuführen aufgerufen ist:

Niemand ist allein auf der Welt
Kein Mensch ist eine Insel, niemand lebt für sich allein. Menschen sind immer eingebunden in ein Beziehungsnetz, sind von anderen abhängig und andere sind von ihnen abhängig. Ein Leben als Robinson Crusoe ist angesicht der heutigen arbeitsteiligen und verflochtenen Welt nicht mehr denkbar. Ein Leben als Eremit und Einsiedler erscheint zudem nur für wenige Menschen, spirituelle Sucher etwa, sinnvoll und lebbar. Aus dieser gegenseitigen Verwiesenheit aller auf alle – und das gilt für Individuen ebenso wie für Staaten – folgt als ein erster Schritt hin zur Abkehr von Gewalt und hin zum Frieden die Anerkennung der anderen als Menschen wie du und ich, als Menschen mit gleichen Rechten und Pflichten, mit Trauer und Freude, mit Leid und Glück, mit Enttäuschung und Hoffnung, mit Schuld und Neubeginn.

Es gilt also: den anderen, die anderen – Individuen wie gesellschaftliche Gruppen und auch Völker – in ihrer Vielgestaltigkeit wahrzunehmen, in ihrem Streben und ihrer Sehnsucht, aber auch mit ihren Grenzen und ihrem Versagen. Die Wahrnehmung der anderen als gleichberechtigte Wesen zielt nicht auf eine Gleichmacherei und ein Einebnen von Unterschieden. Nicht Einheitlichkeit ist das Ziel, sondern Vielfalt innerhalb der grundlegenden Einheit der gesamten Menschheit. Es gilt je neu wahrzunehmen: »Wir alle sind in bunter Vielfalt Menschen.«

Wir sind aufeinander angewiesen
Die Vielfalt der Menschen wahrzunehmen, ist ein erster Schritt, der aber keineswegs ausreicht. Das alleinige Wahrnehmen des anderen kann ja auch zu neuer Abgrenzung führen, zu neuer Ausgrenzung, zu Angst vor dem Fremden und dann zu neuer Aggression und Gewalt – Beispiele dazu gibt es genug. Der Wahrnehmung der Verschiedenheit muss deshalb die Annahme der Verschiedenheit folgen. Dies bedeutet ein Akzeptieren nicht nur der Gemeinsamkeiten,

die man mit dem Anderen hat – das fällt nicht schwer –, sondern auch ein Akzeptieren der Verschiedenheit und der Unterschiede zum anderen – und das fällt schwer. Andere Lebensstile, Bräuche, religiöse Rituale, andere Kleidung und anderes Essen, andere Feste und eine andere Gestaltung der Lebenswenden, andere Denk- und Sprechweisen, all das und noch vieles mehr ist zu akzeptieren als andere, aber nicht weniger berechtigte Möglichkeiten, »Mensch zu sein«. Ein solches Akzeptieren bedeutet keineswegs das Aufgeben der eigenen Vorstellungen und Werte, wie es von manchen als Relativierung von allem verstanden wird. Es bedeutet aber sehr wohl die Einsicht, dass man selbst nicht der Mittelpunkt der Welt ist und auch nicht als Einziger die Weisheit gepachtet hat beziehungseise die eigene Wahrheit, die eigenen Werte die alleinige Wahrheit, die alleinigen Werte sind.

Es gilt also: den anderen, die anderen – und das gilt wiederum für Individuen, für gesellschaftliche Gruppen ebenso wie für Staaten – in ihrer Vielgestaltigkeit annehmen, auch und gerade dann, wenn er anders denkt, handelt, lebt wie man selber. Toleranz als »Ertragen« des anderen wird hier ergänzt durch Respekt vor der anderen Lebensgestaltung, dem anderen Lebensweg, dem anderen Menschen mit seiner ganzen Geschichte. Es gilt je neu wahrzunehmen: »Wir alle sind Brüder (und Schwestern) – aber nicht so wie Kain und Abel.«

Kommunikation ist alles

Erst wenn der andere, die andern so in ihrer Eigenart, in ihrer vielfältigen Lebensweise und je anderem Lebensstil wahrgenommen und danach in einem zweiten Schritt grundlegend akzeptiert sind, kann ein weiterführendes Gespräch beginnen, das über alltägliches Sprechen hinausführt und zu gegenseitigem Verständnis führt. Es geht darum, miteinander zu sprechen, sich auszutauschen, auf den anderen zu hören, seine Motive zu verstehen. Es geht um Empathie, um ein Einfühlen in die Gedankenwelt, in die Hoffnungen und Sehnsüchte des anderen, aber ebenso auch in seine Ängste und Grenzen, in seine Lebensgeschichte sowie in seine Glaubensgeschichte. Letzteres allerdings gelingt nur, wenn bereits ausreichend und angemessen Informationen über einen anderen Glauben vorhanden sind und die dumpfen Vorurteile (»Alle Muslime sind Terroristen« – »Alle Juden sind hinter dem Geld her« – »Alle Christen sind Ungläubige«) durch inhaltsreiche Kenntnis überwunden worden sind. Erst dann ist ein wirkliches Gespräch möglich, ein Dialog, der den anderen ernst nimmt, der die Voraussetzung und Basis für ein friedliches Miteinander darstellt.

Umgekehrt gilt: Wer das Gespräch verweigert, beginnt mit Gewalt. Wer das Gespräch als einseitigen Monolog versteht, beginnt mit Gewalt. Wer in einem Gespräch versucht, den anderen zu manipulieren, beginnt mit Gewalt. Ein wirkliches Gespräch lebt vom Vertrauen darauf, dass der andere es gut mit einem meint – und dies gilt für beide Seiten. Im Gespräch können und werden durchaus unterschiedliche Meinungen und Argumente ausgetauscht, wohl kaum kann man in allem einer Meinung sein. Aber es gilt, die Argumente des anderen ernsthaft und aufrichtig zu bedenken und durchaus auch zu einer Korrektur der eigenen Meinung bereit zu werden. Dann aber wird ein Gespräch fruchtbar für ein gutes Zusammenleben. Es gilt je neu wahrzunehmen: »Wir leben vom guten Wort.«

Kommunion ist alles
Menschen binden sich im Großen wie im Kleinen in unterschiedliche Gemeinschaften ein. Die Gemeinschaft der Familie ist vorgegeben, aber Freundeskreise, Nachbarschaften, Gemeindegruppen, Vereine und vieles andere mehr sind gewählte Gemeinschaften, die davon leben, dass der Einzelne darin aktiv wird und sich einbringt. Solche Gemeinschaften haben die Tendenz, sich nach außen hin abzukapseln, oft fällt es Neuhinzugekommenen deshalb schwer, sich zu integrieren. In manchen Fällen verschließt sich eine Gemeinschaft zudem vor neuen Mitgliedern. All das geht angesichts des komplexen Beziehungsnetzes, in dem Menschen leben, kaum anders. Doch liegt im Abweisen von Neuen, in mangelnder Integration, in einem Leben nur für sich eine der Quellen von Gewalt. Wenn sich eine Gemeinschaft abgrenzt, andere ausgrenzt und zurückweist – oder auch nur nach außen hin den Anschein einer

solchen Zurückweisung gibt –, kann dies zu Verhärtung führen, zum Kontrast zwischen »Wir« und »Ihr«.

Benötigt werden Gemeinschaften, die nicht ausgrenzen, sondern einladen, nicht absondern, sondern offen sind für die Vielfalt von Menschen. Wir brauchen Gemeinschaften, die Brücken bauen zwischen Menschen unterschiedlicher Herkunft, Lebensgeschichte und Lebensperspektiven. Solche Gruppen können Sportvereine sein oder Musikgruppen, besonders gefordert sind hier allerdings die Kirchen und religiösen Gemeinschaften. Sie vertreten ja geradezu als ihren Anspruch und ihr Selbstverständnis, offen zu sein für alle, weil sie sich als menschheitsübergreifend verstehen. Kirchen und religiöse Gruppen gleich welcher Ausprägung können wesentlich dazu beitragen, Menschen zu integrieren und ihnen neue Lebensmöglichkeiten zu geben. Es gilt je neu wahrzunehmen: »Wir leben vom guten Brot.«

Umkehr und Neubeginn
Voraussetzung, dass man zum »guten Wort« und zum »guten Brot« für andere werden kann und damit einen Beitrag zu einem friedlicheren Miteinander der Menschen leisten kann, ist die kritische Überprüfung des eigenen Weges, der eigenen Gedankenwelt, des eigenen Handelns. Es geht darum, zu erkennen, wo im eigenen Leben falsche Einstellungen, Vorurteile, ja, Fehlverhalten vorhanden sind und diese zu korrigieren. Es geht um die Gelassenheit, manchmal einfach etwas zurückzulassen, um dadurch neue Möglichkeiten zu eröffnen. Es geht um den Mut, neue Wege zu gehen, um dadurch das Leben reicher und bunter zu machen. Es geht oft auch darum, andere um Versöhnung zu bitten und selber Versöhnung zu gewähren. Der Friede beginnt immer im eigenen Leben, in einer Neuausrichtung auf Gottes Willen und Rechtleitung. Wir sind abhängig von Vergebung und Versöhnung. Es gilt je neu wahrzunehmen: »Wir leben vom Neubeginn.«

Gerechtigkeit als Voraussetzung zum Frieden
Der Friede, so hat es bereits das Zweite Vatikanische Konzil in seiner Pastoralkonstitution »Die Kirche in der Welt von heute« for-

muliert, »besteht nicht darin, dass kein Krieg ist« (Artikel 78). Der Friede heißt »ein Werk der Gerechtigkeit«. Und deshalb ist der Friede auch »niemals endgültiger Besitz, sondern immer wieder neu zu erfüllende Aufgabe. Nicht um ein friedliches »Nicht-Handeln« (im Sinne des daoistischen »Wuwei« = »Nicht tun, sondern sich wie ein Wassertropfen in den Fluss der Natur integrieren«) darf es dem gehen, der den Frieden in der Welt fördern will. Es muss um ein aktives Handeln gehen, um eine Einsatzbereitschaft, zu der besonders in den vorderorientalischen Religionen in vergleichbarer Weise aufgerufen wird. Amos, der Prophet der Gerechtigkeit, formuliert eine Gottesrede:»Ich habe kein Gefallen an eurem Brandopfer [eurem Gottesdienst], sondern das Recht ströme wie Wasser, die Gerechtigkeit wie ein nie versiegender Bach.« (Amos 21–24) Der Koran greift dies in ähnlicher Weise auf:»Nicht ist Frömmigkeit, wenn ihr euer Angesicht [zum Gebet] wendet nach Osten oder Westen. Vielmehr ist Frömmigkeit, dass ... man das Geld für den Waisen, den Armen, den Reisenden [den Flüchtling], den Bettler und für die Sklaven hergibt ...« (Sure 2,177) Der koranischen Rede »Die gläubigen Männer und die gläubigen Frauen sind einander Beistand« (Sure 9,71) entspricht Psalm 133,1:»Seht doch, wie gut und schön ist es, wenn Brüder miteinander in Eintracht wohnen.«

Solidarität und Hilfsbereitschaft, Beschränkung des eigenen Lebensstiles und Einschränkung des Konsums, Bereitschaft zum Teilen im Blick auf eine soziale Gerechtigkeit nicht nur in der eigenen Gesellschaft, sondern in weltweiter Verantwortung, Einsatz für die Menschen und eine bessere Welt – das ist vom glaubenden Menschen angesichts der Notsituationen der heutigen Welt gefordert. Es gilt je neu wahrzunehmen:»Wir leben von einer helfenden Hand.«

Liebe zu Gott und den Menschen

»Am größten ist die Liebe«, sagt Paulus, »sie erträgt alles, glaubt alles, hofft alles, hält allem stand.« (1 Korinther 13,13.7) Und Jesus sagt:»Selig, die Frieden stiften, denn sie werden Söhne [Kinder] Gottes genannt werden.« (Matthäus 5,9) Alle Religionen – wenn auch auf verschiedene Weise – verknüpfen Gottesliebe und Nächstenliebe und verstehen beide in einer unlösbaren Verbindung. Im Christentum werden die Gottes- und Nächstenliebe des Menschen als Antwort des glaubenden Menschen auf das liebevolle Entgegenkommen Gottes verstanden:»Gott hat die Welt so sehr geliebt, dass er seinen einzigen Sohn hingab.« (Johannes 3,16) Daraus folgt die Antwort des Menschen:»Wenn Gott uns so geliebt hat, müssen auch wir einander lieben.« (1 Johannes 4,11) Der Koran drückt dies in seiner etwas anderen Sprache wie folgt aus:» O ihr, die ihr glaubt, steht ein für Gott als Zeugen der Gerechtigkeit! Der Hass, den ihr hegt gegen Leute, soll euch nicht verleiten, anders zu handeln als gerecht. Seid gerecht, das ist näher der Gottesfurcht.« (Sure 5,8)

Die Liebe zu Gott und den Menschen stellt die innerste Motivation für Gerechtigkeit und damit auch für den Frieden dar. Wer von der Liebe zu Gott und den Menschen bewegt ist, der kann den anderen nicht als Feind betrachten, der kann seine Aggression und seinen Hass gegen Fremdes überwinden, der kann seine Vorurteile zurücklassen. Dagegen wird er bereit zu Taten des Guten und damit zu einer Veränderung der Welt im Kleinen und im Großen. Das Konzil schreibt dazu:»Der feste Wille, andere Menschen und ihre Würde zu achten, gepaart mit einsatzbereiter und tätiger Brüderlichkeit [Geschwisterlichkeit] – das sind unerlässliche Voraussetzungen für den Aufbau des Friedens. So ist der Friede auch die Frucht der Liebe, die über das hinausgeht, was die Gerechtigkeit zu leisten vermag.«

Der Spruch des Dichters Reinhold Schneider (1903–1958) kann auf jeden Menschen jeder Religion bezogen werden:»Der Christ soll dahin gehen, wo es dunkel ist. Dort soll er Licht sein.« Der Glaubende jeder Religion soll dahin gehen, wo es dunkel ist. Dort soll er Licht sein. So und nicht anders wird die Welt verändert. Es gilt je neu wahrzunehmen:»Wir leben vom Licht in der Dunkelheit.«

Diese sieben Punkte sind nur Stichworte, Wegweiser, Anregungen zum Denken, Sprechen und eigenen Handeln. Man könnte hier vieles Weitere ausführen, ergänzen und mit konkreten Vorschlägen belegen. Doch muss jeder, der sich ernsthaft um Frieden im Kleinen und im Großen bemüht, eine Anpassung dieser Anregung an die konkrete Situation seines Lebens selbst vornehmen. Doch das Ziel aller solcher Bemühungen ist eindeutig:

Die Französische Revolution von 1789 hat den Dreibegriff »Liberté, Égalité, Fraternité« (Freiheit, Gleichheit, Brüderlichkeit) als Zielsetzung propagiert, von Napoleon III. sind diese Worte als Leitspruch der französischen Republik verstanden worden und gelten in Frankreich bis heute als Zielsätze politischen und gesellschaftlichen Handelns. Diese drei Begriffe in dieser Verbindung sind allerdings bereits vor der Revolution vom französischen Erzbischof und Schriftsteller François Fénelon (1651–1715) in dieser Weise verbunden worden, der in seiner Schrift Télémaque (1698) Kritik an der selbstherrlichen, autoritären und aggressiven Politik des »Sonnenkönigs« Ludwig XIV. übte.

In unserer Zeit wird das Dreiwort meist angepasst als »Freiheit, Gleichheit, Solidarität« propagiert. Das Grundsatzprogramm der SPD (Hamburg 2007) nennt »Freiheit, Gerechtigkeit, Solidarität« als Kernbegriffe einer Gestaltung von Gesellschaft, Staat und dem Zusammenleben der Völker. Dieses Dreiwort entspricht weithin dem, was in diesem Buch zur Förderung des Friedens dargelegt wurde und was das Ziel eines Handelns von Einzelpersonen, gesellschaftlichen Gruppen und selbst Staaten sein soll und muss.

Heiliger Krieg oder Friede auf Erden

So lautet die Alternative im Titel dieses Buches. Wie stehen die Religionen zur Gewalt? Produzierten sie doch selbst Gewalt im Übermaß (vgl. die Beispiele im ersten Kapitel), progagieren sie aber dennoch von ihren Ursprungstexten (etwa Bibel, Koran) her das genaue Gegenteil. Steht im Leben religiöser Menschen Gewalt im Vordergrund oder das Bemühen um Ausgleich und Frieden? Im Folgenden wird an zwei religiös sehr verwurzelten Menschen aus einem anderen, uns fremden Kulturkreis aufgezeigt, wie unterschiedlich die Entscheidung zur Gewalt und zum Krieg oder zur Toleranz und zum Frieden ausfallen kann. Es geht um zwei beispielhafte Herrscher Indiens. Der zum buddhistischen Glauben konvertierte Kaiser Ashoka aus vorchristlicher Zeit ist bereits erwähnt worden, nun richtet sich der Blick auf zwei muslimische Herrscher der nordindischen Moguldynastie (1526–1858): Kaiser Akbar der Große und Kaiser Aurangzeb, die von Dehli aus den Norden und die Mitte des heutigen Staates Indien, dazu die ehemals zum Großbereich Indiens gehörenden Gebiete der heutigen Staaten Pakistan und Bangladesh beherrschten, ein Gebiet, größer als das des Römischen Reiches oder als das Reich von Kaiser Karl dem Großen.

Der Großmogul von Indien *Aurangzeb* (1618–1707) regierte von 1658 bis zu seinem Tod, also bemerkenswerte 49 Jahre. Bereits seine Machtergreifung war eine Geschichte der Gewalt. Noch zu Lebzeiten seines Vaters Shah Jahan (dem Erbauer des Taj Mahal in Agra) begann er einen Kampf um die Herrschaft, setzte sich gegen drei Brüder durch, ließ sie hinrichten und eroberte Agra; seinen Vater ließ er bis zu dessen Tod (1666) im Roten Fort von Agra einkerkern.

Aurangzeb war nun Alleinherrscher und zeigte sich als entschlossener, aber auch skrupelloser Herrscher. Doch seine ständigen Feldzüge bis nach Südindien, um seinen bereits riesigen Machtbereich noch weiter auszudehnen, zerrütteten das Staatssystem. Er galt als verschlagen und autoritär; immer wieder gab es Aufstände der im Gebiet des heutigen Bundesstaates Rajasthan herrschenden Rajputen (»Königssöhne« = unter der Oberherrschaft des Kaisers über ein Gebiet oder eine große Stadt herrschende Rajas, Könige) und der im Gebiet des heutigen Bundesstaates Maharashtra herrschenden Marathen. Dazu kam im Jahr 1675 der Aufstand der Sikhs im Gebiet des heutigen Bundesstaates Punjab nach dem durch Aurangzeb veranlassten Märtyrertod des neunten Sikh-Gurus Tegh Bahadur. Insgesamt kann die Regentschaft Aurangzebs als Gewaltherrschaft bezeichnet werden – dies ist einer der Gründe, warum nach seinem Tod im Jahr 1707 der Abstieg der Moguldynastie begann.

Vor allem aber war Aurangzeb ein fanatischer Muslim, der das bislang friedliche Zusammenleben von Hindus, der Mehrheit des Volkes, und Muslimen, der herrschenden Minderheit, zerstörte. Nicht mehr um Gleichberechtigung von Menschen verschiedener Religionen ging es, sondern um Herrschaft der einen über die anderen, die auch mit gewaltsamen Mitteln durchgesetzt wurde. Aurangzeb führte das islamische Scharia-Recht dadurch ein, dass er eine Gesetzessammlung islamischer Rechtsprechung für die ganze Bevölkerung verpflichtend machte. Er schaffte Musik- und Tanzaufführungen an den Herrscherhöfen als unislamisch ab. Er führte für Nichtmuslime die Dschizya, die Kopfsteuer entsprechend der Vorschriften des Korans, ein. Hinduistische Kaufleute wurden systematisch benachteiligt, sodass der innerindische Handel und der Exporthandel in muslimische Hände übergingen – bis heute ist der Handel in Indien eine Domäne der Muslime. Auch aus dem Dienst am Hof und in der Verwaltung des Staates wurden Hindus vertrieben und so ihr Einfluss auf die Gesellschaft verringert.

Weil nach Aurangzebs fanatischer Meinung alle anderen Religionen außer dem Islam nur Götzendienst seien, ließ er unzählige Tempel und heilige Stätten der Hindus zerstören; der Neubau von hinduistischen Tempeln wurde verboten. Damit wurde vor allem an einigen für Hindus äußerst wichtigen Orten in Indien (ein Beispiel ist Mathura, der Geburtsort des Gottes Krishna, vgl. Seite 55f.) ein Konfliktpotential geschaffen, das bis auf den heutigen Tag wirksam ist und jederzeit explodieren kann.

Aurangzeb war Gewaltherrscher par excellence:
Heiliger Krieg.

Der Großmogul von Indien, *Akbar der Große* (1541–1605), regierte wie sein Ururenkel Aurangzeb ebenfalls 49 Jahre, doch in völlig anderer Weise – den Titel »der Große« trägt er – anders als dieser – zu Recht. Kaiser Akbar verstand sich auch während seiner Regentschaft als Diplomat, der als Oberherrscher für einen Ausgleich der verschiedenen Fürstentümer Indiens und für ihre Einheit zu einem friedlichen Reich zu sorgen hatte. Dabei ist eine ähnliche Lebensgeschichte zu verzeichnen wie bei dem ebenso bedeutenden indischen Mauriya-Herrscher Ashoka aus vorchristlicher Zeit. Wie bei diesem war die erste Zeit seiner Herrschaft noch von Kriegen bestimmt, wie bei diesem kam es zu einer Lebenswende, die seinen Herrschaftsstil grundlegend änderte.

Nun herrschte er – wie später die Habsburger in Österreich – durch Heirat und damit durch die Verbindungen zu den wichtigsten Rajputenfamilien, deren Prinzessinnen er in seinen Hofstaat aufnahm. Er, der durchaus strenggläubige Muslim, heiratet hinduistische Frauen, ohne auf deren Konversion zu bestehen – in seinem privaten Bereich war dies eine erstaunliche Toleranz für einen muslimischen Mogulherrscher. Diese Toleranz zeigt sich auch darin, dass er gegen jede Ausbeutung der Bevölkerung anzugehen versuchte, ohne Berücksichtigung des religiösen Hintergrunds von Notleidenden. Die von seinen Vorgängern eingeführte Kopfsteuer für Nichtmuslime schaffte er ab – Aurangzeb führte sie ein Jahrhundert später wieder ein. Selbst am Kaiserhof Akbars waren hinduistische Rituale erlaubt.

Akbar verstand sich als »Religionsphilosoph«, der einen Ausgleich der verschiedenen Religionen seines Landes suchte. Der Dialog der Religionen war für ihn Alltag, die Gleichberechtigung von Muslimen und Hindus, aber auch von Anhängern anderer Religionen, führte in seiner Regierungszeit zu einem Abbau der Spannungen im Land. Die Gleichberechtigung aller und die religiöse Toleranz waren für ihn von höchster Bedeutung – genau das stabilisierte das Mogulreich in hohem Maß. Er selber suchte den »wahren Glauben« und richtete seinen islamischen Glauben entsprechend dem Sufi-Heiligen Salim Chishti (1478–1572) aus; in der Nähe von dessen Wohnort Sikri ließ Akbar seinen neuen Palast, Fatepur Sikri, errichten. An diesen Hof lud Akbar Vertreter anderer Religionen, auch der portugiesische Jesuitenpater Rodolfo Acquaviva (1550–1583) aus Goa war sein Gast und Diskussionspartner. Alles in allem:

Akbar war Friedensherrscher par excellence:
Friede auf Erden.

Aurangzeb und Akbar – zwei unterschiedliche Verhaltensweisen werden an diesen beiden bedeutenden Gestalten nicht der europäischen, sondern der indischen Geschichte deutlich, und dies gilt nicht nur für Herrscher, sondern letztlich für jeden Menschen: Heiliger Krieg oder Friede auf Erden – Gewalt oder Frieden. Überraschend sind allerdings die Gräber und Gedenkorte dieser beiden Kaiser:

- *Aurangzeb,* der sich während seiner Herrschaft bereits nur in ein weißes muslimisches Gewand ohne jeden Schmuck kleidete, fand sein Grab im Ort Khuldabad in der Nähe der nach ihm benannten Stadt Aurangabad im Bundesstaat Maharashtra. Das Grab ist sehr schlicht gehalten, unter freiem Himmel, nur von wenigen weißen Marmorplatten und einem Marmorzaun umgeben; dahinter erhebt sich der strahlend weiße Kuppelbau der Dargah Sayed, eines Mausoleums für den muslimischen Heiligen Sayeed Zain-ud-din.

- *Akbar* dagegen wurde im kleinen Ort Sikandra etwa zehn Kilometer nördlich von Agra in einer riesigen Mausoleumsanlage begraben. Innerhalb eines weiten Parks öffnen in den vier Himmelsrichtungen vier mit Minaretten und Kuppeln, zudem mit Marmorreliefs prachtvoll geschmückte Torbauten den Zugang zu einem inneren Areal, das gewaltig erscheint. Vom Westtor gelangt man über einen mehrere hundert Meter langen mit rotem Stein gepflasterten Weg zum eigentlichen Mausoleum, einem gewaltigen fünfstöckigen Bau mit sich über drei Stockwerke erstreckenden Eingangsiwan. Über einen dunklen Gang gelangt man schließlich zum unterirdischen Raum des Kenotaphs von Akbar.

In diesen beiden Begräbnisstätten wird der Unterschied zwischen den beiden Herrschern auf ganz andere Weise sichtbar: zum einen das bescheidene Grab des streng muslimischen Aurangzebs ohne jeden Grabbau und Pomp, zum anderen die gewaltige Grabanlage Akbars, eines ebenfalls muslimischen Herrschers. Den einen prägte allein der Blick auf die strenge Ausübung seiner eigenen Religion, der andere hatte eine Offenheit auch für andere Weltauffassungen und Religionen – die vier in alle Himmelsrichtungen weisenden

Torbauten seines Mausoleums können als Symbol für eine solche, von Akbar intendierte, alle Glaubensrichtungen übergreifende und religionsverbindende Sicht verstanden werden.

Die beiden alttestamentlichen Propheten Micha und Jesaja waren Zeitgenossen und erlebten im Jahr 722 v. Chr. den Untergang des Nordreiches Israel durch den Ansturm Assurs; auch das Südreich Juda wurde bedroht. Für Micha ist dieses Geschehen eine Folge der sozialen Ungerechtigkeit im Volk und einer korrupten Führungsschicht. Deshalb sind der Untergang des Volkes und die Zerstörung Jerusalems samt seinem Tempel unausweichlich: »Jerusalem wird zu einem Trümmerhaufen, der Tempelberg zur überwucherten Höhe.« (Micha 3,12) Zu den an dieser Katastrophe Schuldigen gehören auch die korrupten Tempelpropheten, die, wenn sie Bestechungsgelder erlangen, »Frieden« rufen, wenn nicht »Heiliger Krieg« (Micha 3,5). Auch Jesaja schildert das Gericht über Jerusalem wegen der Schuld des Volkes und seiner Führer, die als »Bande von Dieben« bezeichnet werden (Jesaja 1,23).

Die beiden Propheten aber bleiben nicht bei einer Unheilsverkündigung stehen: Sie verweisen auf das Eingreifen Gottes, der »Recht spricht im Streit der Völker und viele Nationen zurechtweist« (Jesaja 2,4a). Wörtlich fahren beide Propheten fort: »Dann schmieden sie Pflugscharen aus ihren Schwertern und Winzermesser aus ihren Lanzen. Man zieht nicht mehr das Schwert, Volk gegen Volk, und übt nicht mehr für den Krieg.« (Micha 4,3b–c und Jesaja 2,4b–c) Der Zionsberg mit dem Haus des Herrn (Jerusalem) wird zum Zentrum eines künftigen Friedensreiches, bei dem jeder in Frieden und relativem Wohlstand leben kann (»unter seinem Weinstock und Feigenbaum sitzend«), in dem selbst eine für die Hebräische Bibel erstaunliche Toleranz gilt: »Denn alle Völker gehen ihren Weg, jeder ruft den Namen seines Gottes an, wir aber gehen unseren Weg im Namen Jahwes, unseres Gottes.« (Micha 4,5) Die Prophezeiung der Propheten Micha und Jesaja wird vom nachexilischen Propheten Joël (5. Jahrhundert v. Chr.) aufgegriffen, aber verändert, denn hier ist es genau umgekehrt: Die gottlosen Völker der Welt rüsten zu einer Entscheidungsschlacht gegen den wahren Gott im Tal Joschafat. Doch Gott ruft den Völkern zu: »Ruft den Heiligen Krieg aus! Bietet eure Kämpfer auf ... Schmiedet Schwerter aus euren Pflugscharen und Lanzen aus euren Winzermessern!« (Joël 4,9–10)

In diesen biblischen Texten wird noch einmal in aller Deutlichkeit die Alternative aufgezeigt, die das Thema dieses Buches ist: »Heiliger Krieg oder Friede auf Erden«. Die hochgerüstete Waffengewalt und die Gewaltgeschichte der Menschen stehen gegen den Friedenswillen Gottes, Schwerter gegen Pflugscharen. Wahrer Friede ist erst dann erreicht, wenn die Waffen zu nützlichen Arbeitsgeräten umgewandelt worden sind und wenn ein solidarisches Zusammenleben der Menschen möglich ist.

Die Religionen der Welt haben gegen dieses Ziel eines umfassenden Friedens (eines Schalom als Harmonie von Menschen in Gemeinschaft mit Gott selbst) in ihrer Geschichte oft in unsäglicher Weise verstoßen. Doch die Friedenssehnsucht und auch das konkrete Bemühen um Frieden ist in den Religionen nicht untergegangen. Immer wieder erheben religiöse Führer, aber auch religiöse Gruppen ihre Stimme gegen den Wahnsinn von Gewalt, Terror und Krieg in unserer Welt (wie etwa die als Friedenskirchen bezeichneten christlichen Gemeinschaften der mittelalterlichen Waldenser, der Hutterer, Mennoniten, Quäker und Adventisten – diese propagieren Gewaltlosigkeit und lehnen Militärdienst ab). Immer wieder rufen Anhänger unterschiedlicher Religionen zur Überwindung von Gegensätzen, zur Eindämmung von Aggression, zur Bändigung des »wilden Tieres Gewalt in uns« und zur Versöhnung auf.

Diese Stimmen der Religionen vereinen sich mit vielen säkularen Bewegungen. Als einziges Beispiel dafür sei hier ein Passus der Charta der Vereinten Nationen angeführt: »Alle Mitglieder unterlassen in ihren internationalen Beziehungen jede gegen die territoriale Unversehrtheit oder die politische Unabhängigkeit eines Staates gerichtete oder sonst mit den Zielen der Vereinten Nationen unvereinbare Androhung oder Anwendung von Gewalt.« (Kapitel 1, Absatz 4, 1945)

Vor dem Gebäude des UNO-Hauptsitzes in New York wurde im Jahr 1959 als Geschenk der Sowjetunion (!) eine Skulptur des russischen Künstlers Jewgeni Wutschetitsch aufgestellt, die die Verse von Micha und Jesaja und den Gegenvers von Joël in eine plastische Darstellung bringen: Sie zeigt einen Mann, der kraftvoll ein Schwert in eine Pflugschar umschmiedet. Slogan und Bild »Schwerter zu Pflugscharen« wurden ab 1980 von der evangelischen Kirche der DDR als Gegenpol zum Fach Wehrerziehung in den Schulen der DDR verwandt und wurde in der Folge von vielen europäischen Friedensinitiativen meist verbunden mit einem zweiten Wort, »Frieden schaffen ohne Waffen«, als Symbol einer gesamtgesellschaftlichen, politischen, aber auch kirchlichen Aufgabe verstanden.

Diese Aufgabe gilt allen Menschen guten Willens, Menschen in allen Religionen und Kulturen. Zusammengefasst hat der Popsänger Michael Jackson dies unter Berufung auf Micha 4,3 in seinem beeindruckenden Song »Heal the world« (1992, im Album »Dangerous« enthalten), wo es u.a. heißt:

»In my heart I feel you are all my brothers.
Create a world with no fear.
Together we'll cry happy tears.
See the nations turn their swords into plowshares.«

(»In meinem Herzen fühle ich, dass ihr alle meine Brüder seid.
Erschafft eine Welt ohne Furcht.
Zusammen werden wir Freudentränen weinen.
Wir werden sehen, wie die Nationen
ihre Schwerter zu Pflugscharen machen.«)*

---

*Vgl. das beeindruckenden youtube-Video zu diesem Song, den Michael Jackson als den besten seines Lebens bezeichnete: https://www.youtube.com/watch?v=BWf-eARnf6U

Gefährten
oder Tod

Gefährten oder Tod

Der Diskussionsbeitrag dieses Buches soll abgeschlossen werden mit einer kleinen und oft tradierten Erzählung (Verfasser unbekannt), die die Titelalternative »Heiliger Krieg oder Friede auf Erden« auf eine ganze eigene Weise anspricht:

Ein Weiser mit Namen Choni ging einmal über Land und sah einen Mann, der einen Johannisbrotbaum pflanzte. Er blieb bei ihm stehen und sah ihm zu und fragte: »Wann wird das Bäumchen wohl Früchte tragen?«
Der Mann erwiderte: »In siebzig Jahren.«

Da sprach der Weise: »Du Tor! Denkst du in siebzig Jahren noch zu leben und die Früchte deiner Arbeit noch zu genießen? Pflanze doch lieber einen Baum, der früher Früchte trägt, dass du dich ihrer erfreust in deinem Leben.«

Der Mann aber hatte sein Werk vollendet und sah freudig darauf, und er antwortete: »Rabbi, als ich zur Welt kam, da fand ich Johannisbrotbäume und aß von ihnen, ohne dass ich sie gepflanzt hatte, denn das hatten meine Väter getan. Habe ich nun genossen, wo ich nicht gearbeitet habe, so will ich einen Baum pflanzen für meine Kinder oder Enkel, dass sie davon genießen.

Wir Menschen mögen nur bestehen, wenn einer dem anderen die Hand reicht. Siehe, ich bin ein einfacher Mann, aber wir haben ein Sprichwort: *Gefährten oder Tod.*«

Der Autor

Hermann-Josef Frisch, Jahrgang 1947
– Studium Theologie und Sinologie
– zeitweilig Lehrauftrag Fachdidaktik Religion
  an der Universität Bonn
– 225 Buchveröffentlichungen inTheologie,
  Religionspädagogik, Religionswissenschaften
– mehr als 60 teilweise längere Reisen in
  unterschiedlichste Regionen Asiens

*Bild: der Autor vor dem Imam-Reza-Mausoleum,
Maschhad, Iran*

Vom gleichen Autor ist bei Books on Demand erschienen:

Gott neu lernen

Mein Weg mit den Religionen der Welt

Dieses Buch ist die Bilanz eines lebenslangen
Lernprozesses: Die Begegnung mit den Weltreligionen führte zu je neuen und oft überraschen-
den Aspekten des Glaubens an Gott, den trans-
zendenten Urgrund, den All-Einen mit seinen
vielen »Gesichtern« und Erscheinungsformen.
Ein Buch mit einer weltweiten Sicht.

240 Seiten, Broschur, 13,5 x 21,5 cm
12 Fotos s/w
Print   ISBN 9783749484300
E-Book   ISBN 9783750483354

Engel bei Paul Klee

Zwischen Himmel und Erde

Paul Klees Engelbilder, am Ende seines Lebens
entstanden, sind Bilder des Menschen, der aus
den »irdischen Niederungen« in die Höhe strebt:
der Mensch zwischen Himmel und Erde.
Die Bilder und Texte dieses Buches eröffnen
Perspektiven der Hoffnung und geben Kraft
für den Lebensweg.

44 Seiten, Broschur, 17 x 17 cm
10 Farbseiten
Print   ISBN 9783754372531

Weitergereist

Rituale der Weltreligionen
zu Tod und Begräbnis
Alle Kulturen und Religionen haben
Rituale zum Übergang vom Leben zum
Tod und eine Erinnerungskultur an
die Verstorbenen. Der Band erschließt
die Jenseitsvorstellungen und Rituale
der Religionen zu Sterbebegleitung,
Begräbnisformen und Totengedenken.
240 Seiten, Broschur, 17 x 22 cm
91 Fotos s/w, 109 Fotos Farbe
ISBN Print 9783751951692
ISBN E-Book 9783751965644

Kyoto – das Herz Japans

Paläste – Tempel – Schreine – Gärten
Die alte Kaiserstadt Kyoto ist das
kulturelle und spirituelle Herz Japans.
Mit 1600 buddhistischen Tempeln,
400 Shinto-Schreinen, Palästen und
Gärten ist Kyoto überaus reich an
Sehenswürdigkeiten. Dieser Band
erschließt Kyoto und die japanische
Kultur durch Bild und Text.
240 Seiten, Broschur, 17 x 22 cm
243 Fotos s/w, 232 Fotos Farbe
ISBN Print 9783752891799
ISBN E-Book 9783750459625

Bangkok entdecken

35 Tagestouren in und um Bangkok
Von Thais *Krung Thep Maha Nakhon*
genannt, ist Bangkok, die am Chao
Phraya gelegene Hauptstadt Thailands, zwar erst 240 Jahre alt, aber
eine hoch interessante Stadt, in der
sich Tradition und Moderne beeindruckend begegnen. Die Touren führen zu den interessantesten Zielen.
256 Seiten, Broschur, 17 x 22 cm
145 Fotos s/w, 282 Fotos Farbe
45 Karten
ISBN Print 9783754374191

Koran

Botschaft und Anspruch

Der Islam gehört zur deutschen Lebenswirklichkeit. Deshalb ist es wichtig, das Heilige Buch der Muslime, den Koran, kennen zu lernen. Dieses Buch eröffnet Zugänge zum Koran und seiner Botschaft und informiert über seine Entstehung, Einteilung und Themen. Es kann als Grundlage für einen Dialog der Religionen dienen.

260 Seiten, Broschur, 13,5 x 21,5 cm
7 Fotos Farbe
ISBN Print 9783756228683
Reihe Islam: Band 1

Mohammed

Prophet und Staatsmann

Wer war Mohammed? Dieses Buch erläutert grundlegende Informationen über den Propheten des Islam, seinen Lebensweg, seine religiösen Vorstellungen, seine Konzeption eines islamischen Staates und trägt so zu einem differenzierten und vorurteilslosen Blick bei. Es schließt mit einer Würdigung dieser Gestalt aus abendländischer Sicht.

208 Seiten, Broschur, 13,5 x 21,5 cm
9 Fotos Farbe
ISBN Print 9783756228751
Reihe Islam: Band 2

Muslime

Traditionen und Alltagsleben

Der Islam ist eine Religion, die alle Lebensbereiche der Gläubigen durchzieht. Neben den Grundlagen des Islam werden in diesem Band viele Einzelfragen beleuchtet: Scharia ebenso wie islamische Mystik, Politik des Islam in Geschichte und Gegenwart ebenso wie der islamische Alltag mit seinen Festen, dazu Konfliktthemen wie Gewalt und Stellung der Frau.

228 Seiten, Broschur, 13,5 x 21,5 cm
10 Fotos Farbe, 67 Fotos s/w
ISBN Print 9783756228775
Reihe Islam: Band 3